KB262567

중국어 회화

여행자를 위한 중국어 회화

초판 6쇄 인쇄 2008년 7월 5일 / 초판 6쇄 발행 2008년 7월 10일
편저 김태성 / 발행인 서덕일 / 발행처 도서출판 문예림
출판등록 1962년 7월 12일 제 2-110호
주소 : 서울 광진구 군자동 1-13호 문예하우스 101호
전화 : 02-499-1281~2 / 팩스 : 02-499-1283
http://www.bookmoon.co.kr / E-mail : book1281@hanmail.net

· 잘못된 책은 구입하신 서점에서 교환하여 드립니다.

ISBN 89-7482-222-9(13720)

　지금 중국에는 "韓流" 열풍이, 한국에는 "漢流" 열풍이 불고 있다. 지난 반만년 역사가 그랬듯 21세기에 들어 선 지금도 이 두 나라는 너무나 서로를 필요로 하고 있다. 특히 우리의 입장에선 세계 초일류 국가로 발돋움하는 중국이 더 이상 그저 멀고도 먼 나라이기만 한 것은 아니다. 기업 활동을 위해, 학업을 위해 또는 관광과 휴양을 위해, 어제도 오늘도 많은 한국인들이 중국행 짐 가방을 꾸리고 있다.

　이 작은 책자의 탄생은 그들의 발걸음을 조금이나마 가볍게 하고자 하는 바램에서 시작되었다. 중국과 중국어를 모르는 사람에게는 밤길을 앞서는 조그만 손전등처럼 극히 실용적인 가이드 역할을 하고자 하였고, 중국이나 중국어를 조금이라도 접해본 사람에게는 여행길에 보다 알찬 수확을 약속하는 충분한 밑거름이 되고자 하였다.

　그런 만큼 본 책자의 구성은 지극히 간명하다. 그러나 중국에 대한 개괄적 소개에서부터 여행 준비, 그리고 중국어의 기본과 각 상황별 표현에 이르기까지 제법 상당한 양의 정보를 담고 있기도 하다. 특히 중국어 표현 부분에 있어서는 한글 자모식 중국어 발음 표기와 전 세계적으로 중국어 학습에서 사용하는 영어 알파벳식 발음 표기를 병기함으로써, 중국어 학습에 관심있는 모든 분들께도 일정한 역할을 할 수 있도록 배려하였다.

　아무쪼록 이 작은 책자 하나가 "중국의 문"을 출입하는 모든 한국인들에게 알찬 반려가 되기를 바란다.

2003년 3월

편저자

Contents

Contents

Contents

Contents

Contents

Contents

I. 중국어
기본표현

1. 인사하기

안녕하세요!

Nǐ hǎo!　Nín hǎo!

你 好! / 您 好! * 니 하오 / 닌 하오

안녕하십니까?

Nǐ hǎo ma?

你 好 吗? * 닌 하오 마

안녕하세요!(아침)

Nǐ zǎo!　Nín zǎo!　Zǎo!

你 早! / 您 早! / 早! 니 쟈오 / 닌 쟈오 / 쟈오

안녕히 주무세요.

Wǎn ān!

晚 安! 완안!

안녕히 가세요.

Zài jiàn!

再 见! 짜이 젠

만나서 반갑습니다.

Rènshi nín hěn gāoxing.

认 识 您 很 高 兴! * 런스 닌 헌 까오싱

- 你　너, 당신
- 好　좋다
- 认识　알다
- 高兴　기쁘다
- 你와 您 상대방에게 예의를 갖춰야 할 때 你대신 您을 쓴다.
- 认识您很高兴! 새로운 친구를 만나게 되면, 이 인사를 꼭 잊지 마세요!
- ～吗? 의문문을 만들 때 문장 끝에 '吗'를 붙인다.

- 您　당신
- 무　이르다, 아침
- 很　매우

A 안녕하세요!　你好!　니 하오!
　　　　　　　　Nǐ hǎo!

B 안녕하세요!　你好!　니 하오!
　　　　　　　　Nǐ hǎo!

A 안녕하십니까?　你好吗?　니 히오 마?
　　　　　　　　　Nǐ hǎo ma?

B 잘 있습니다.　很好。　헌 하오.
　　　　　　　　Hěn hǎo.

2. 자기 소개하기

저는 김한일입니다.
Wǒ shì Jīn Hányī.
我 是 金 韩 一。 * 워 쓰 진한이.

저는 김한일이라고 합니다.
Wǒ jiào Jīn Hányī.
我 叫 金 韩 一。 워 짜오 진한이.

저는 한국인입니다.
Wǒ shì Hánguo rén.
我 是 韩 国 人。 워 쓰 한궈렌.

저는 학생입니다.
Wě shì xuésheng.
我 是 学 生。 워 쓰 슈에셩.

저는 대학생입니다.
Wǒ shì dà xuésheng.
我 是 大 学 生。 워 스 따 슈에셩.

저는 직장에 다니고 있습니다.
Wǒ zài shàngbān.
我 在 上 班。 워 짜이 샹빤.

저는 △△회사에 다니고 있습니다.

Wǒ zài △△gōngsī gōngzuò.

我 在 公 司 工 作。 워 짜이 △△꽁쓰 꽁쭤.

저는 서울에 삽니다.

Wǒ zhù zài Hànchéng.

我 住 在 汉 城。 워쭈짜이 한청.

성함이 어떻게 되십니까?

Nín guìxìng?

您 贵 姓 ? 닌 꾸이 싱?

이름이 뭡니까?

Nǐ jiào shénme míngzi?

你 叫 什 么 名 字 ? 니 쨔오 션머 밍쯔?

A 성함이 어떻게 되세요? 您 贵 姓 ? 닌 꾸이 싱?
Nín guìxìng?

B 제 성은 김입니다. 我 姓 金。 워 싱 진.
Wǒ xìng Jīn.

•我　　나	•是　이다	•叫 라고 부르다
•韩国人 한국인	•上班 출근하다	•在 에 있다, 에/에서
•公司　회사	•工作 일하다	•住 살다
•什么　무엇	•名字 이름	•姓 성이 ~이다

3. 감사와 사과 표현

감사합니다.

Xièxie!
谢 谢!　　씨에 씨에!

감사합니다.(당신에게)

Xièxie nín!
谢 谢 您!　　씨에 씨에 닌!

별 말씀을요.

Bú kèqi.　　　　　　Nǎli　nǎli.
不 客 气。 부커치. / 哪 里 哪 里。 나리 나리.

죄송합니다.

Duìbuqǐ.
对 不 起。 뛔부치

괜찮습니다.

Méiguānxi.　　　　　　Méishìr.
没 关 系。 메이꽌시 / 没 事 儿。 메이셜

- 不 아니다　· 客气 예의를 차리다, 사양하다
- 哪里 어디　· 没 없다　· 关系 관계　· 事儿 일

4. 질문하기

의문사가 있는 의문문

이것은 무엇입니까?
Zhè shì shénme?
这 是 什 么? 쩌 쓰 션마?

어디에 있나요?
Zài nǎr?
在 哪 儿? 짜이 날?

언제 옵니까?
Shénme shíhòur lái?
什 时 候 儿 来? 션머 스홀 라이?

누구세요?(공손하게 물을 때)
Shéi?   Nǎ yí wèi?
谁? / 哪 一 位? 셰이? / 나 이 웨이?

왜요?
Wèishénme?
为 什 么? 웨이 션머?

어때요?
Zěnme yàng?
怎 么 样? 쩐머양?

어떻게 갑니까?
Zěnme zǒu?
怎 么 走 ? 쩐머 쩌우?

얼마에요?
Duōshao qián?
多 少 钱 ? 뚸샤오 치엔?

지금 몇 시입니까?
Xiànzài jǐ diǎn?
现 在 几 点 ? 시엔짜이 지디엔?

중국어 의문문 만들기

(1) '吗？' 의문문
Hǎo ma?
好 吗 ? 좋습니까?
하오마?

(2) 긍정과 부정을
반복한 의문문
Hǎo bu hǎo?
好 不 好 ? 좋습니까?
하오 뿌하오?

(3) 의문대명사를 넣은
까? 의문문
Zhè shì shénme?
这 是 什 么 ? 이것은 무엇입니
쩌스 션마?

(4) '呢？'를 쓴
의문문
Nǐ ne?
你 呢 ? 당신은요?
니너?
Zhōngguó ne?
中 国 呢 ? 중국은요?
쫑궈너?

말씀 좀 여쭙겠습니다~

Qǐngwèn yíxià
请 问 一 下~ 칭원 이샤 ~

말씀 좀 여쭙겠는데요, 지금 몇 시죠?

Qǐngwèn yíxià,　Xiànzài jǐ diǎn?
请 问 一 下, 现 在 几 点 ?

칭원 이샤, 시엔짜이 지디엔?

말씀 좀 여쭙겠는데요, 천안문은 어떻게 가죠?

Qǐngwèn yíxià,　Tiān, ānmén zěnme zǒu?
请 问 一 下, 天 安 门 怎 么 走 ?

칭원 이샤, 텐안먼 쩐머 쩌우?

앉으세요.

Qǐng zuò.
请 坐。 친쮀.

들어오세요.

Qǐng jìn.
请 进。 칭진.

잠시만 기다려 주세요.
Qǐng nín děng yíxià.
请 您 等 一 下。 칭닌 덩 이샤.

부탁 좀 드리겠습니다.
Qǐng nín bàituo yíxià.
请 您 拜 托 一 下。 칭닌 빠이퉈 이샤.

좀 도와주세요.
Qǐng bāng wǒ máng.
请 帮 我 忙。 칭 빵 워 망.

- 问 묻다
- 点 시
- 进 들어오다
- 一下 좀 (하다)
- 走 가다, 걷다
- 等 기다리다
- 现在 지금
- 坐 앉다
- 拜托 부탁하다
- 请 원래는 '청하다'라는 뜻인데, 영어의 'please' 같은 용법으로 많이 쓰인다. '请' 한 마디로도 상황에 따라서 많은 의미를 전달할 수 있다. 의자를 내놓으면서 '请' 하면, '앉으세요'라는 뜻, 차를 건네면서 '请' 하면 '드세요'라는 뜻…. 매우 유용한 표현이므로 많이 써 보자.

예 / 아니오.

Shì / Bú shì

是 / 不 是 　쓰 / 부쓰

있습니다. / 없습니다.

Yǒu / Méi you

有 / 没 有 　여우 / 메이여우

중국어 의문문 만들기

(1) ' 吗 ? ' 의문문

Hǎo ma?
好 吗 ? 좋습니까?
하오마?

(2) 긍정과 부정을
반복한 의문문

Hǎo bu hǎo?
好 不 好 ? 좋습니까?
하오 뿌하오?

(3) 의문대명사를 넣은
의문문

Zhè shì shénme?
这 是 什 么 ? 이것은 무엇입니까?
쩌스 셔마?

(4) ' 呢 ? ' 를 쓴
의문문

Nǐ ne?
你 呢 ? 당신은요?
니너?

Zhōngguó ne?
中 国 呢 ? 중국은요?
쫑궈너?

맞습니다. / 좋지 않습니다.
Hǎo / Bù hǎo
好 / 不 好　하오 / 뿌하오

맞습니다. / 아닙니다(틀립니다).
Duì / Bú duì
对 / 不 对　뚜이 / 부뚜이

알겠습니다.
Zhīdao le.
知 道 了。　즈다오 러

모르겠습니다.
Bù zhīdao.
不 知 道。　뿌 즈다오.

못 알아듣겠습니다.
Tīng bu dǒng.
听 不 懂。　팅뿌동.

7. 상대방의 말을 못 알아들었을 때

못 알아듣겠습니다.

Tīng bu dǒng.
听 不 懂。 팅뿌동.

천천히 말해주세요.

Qǐng nín màn diǎnr shuō, hǎo ma.
请 您 慢 点 儿 说、 好 吗。 칭닌 만디알 슈어, 하오마?

다시 한 번 말해주세요.

Qǐng zài shuō yí biàn.
请 再 说 一 遍。 칭 짜이 슈어 이삐엔.

써주세요.

Qǐng nín xiě yíxià.
请 您 写 一 下。 칭닌 시에 이샤.

정자체로 써주세요.

Qǐng yòng fántǐzì xiě yíxià, hǎo ma?
请 用 繁 体 字 写 一 下, 好 吗?
칭 융 판티쯔 시에 이샤, 하오마?

저는 중국어를 할 줄 모릅니다.

Wǒ bú huì shuō Hànyǔ.
我 不 会 说 汉 语。 워 부후이 슈어 한위.

중국어를 잘 못합니다.

Wǒ shuō Hànyǔ shuō de bù hǎo.

我 说 汉 语 说 得 不 好。 워 슈어 한위 슈어더 뿌하오.

영어 할 줄 아십니까?

Nǐ huì shuō Yīngyǔ ma?

会 说 英 语 吗? 니 후이 슈어 잉위 마?

여기 영어할 줄 아는 분 있나요?

Zhèr yǒu huì shuō Yīngyǔde ma?

这 儿 有 会 说 英 语 的 吗?

쩔 여우 후이 슈어 잉위더 마?

조금 할 줄 압니다.

Huì shuō yìdiǎnr.

会 说 一 点 儿。 후이 슈어 이디얼.

- ~一下(좀 하다) : 你来一下(좀 와봐요), 看一下(좀 보세요)
- ~(一)点儿 (약간 하다) : 大一点儿(약간 크다), 慢(一)点儿(약간 천천히)

중국어의 부사
- 很(헌)　　매우
- 非常(페이창)　대단히
- 更(껑)　　더욱
- 比较(비쟈오)　비교적
- 太(타이)　너무나, '太~了' 구문으로 많이 쓰인다.
- 不太(부타이) 그다지 않다

8. 계절과 날씨에 관한 표현

날씨

오늘 날씨가 참 좋습니다.
Jīntiān tiānqi hěn hǎo.
今 天 天 气 很 好。 찐티엔 티엔치 헌 하오.

좀 춥습니다.
Yǒu diǎnr lěng.
有 点 儿 冷。 여우디알 렁.

좀 덥습니다.
Yǒu diǎnr rè.
有 点 儿 热。 여우디알 러.

아주 추워요.
Tài lěng le.
太 冷 了。 타이 렁러.

아주 덥군요.
Tài rè le.
太 热 了。 타이 럴러.

따뜻합니다.
Hěn nuǎnhuo.
很 暖 和。 헌 누안훠.

시원합니다.
Hěn liángkuài.
很 凉 快。 헌 량콰이.

눈이 옵니다.
Xià xuě.
下 雪。 시아 슈에.

비가 옵니다.
Xià yǔ.
下 雨。 시아 위.

계 절

봄	여름	가을	겨울
Chūntiān	Xiàtiān	Qiūtiān	Dōngtiān
春 天	夏 天	秋 天	冬 天
춘띠엔	샤티엔	치우티엔	뚱티엔

9. 물건사기

얼마입니까?

Duōshao qián?

多少钱? 뚸샤오 치엔?

이것 주세요.

Wǒ yào zhè ge.

我要这个。 워 야오 쩌거.

같은 걸로 주세요.

Gěi wǒ yíyàng de.

给我一样的。 게이 워 이양더.

다른 것은 없습니까?

Yǒu méi yǒu biéde?

有没有别的? 여우 메이여우 비에더?

입어 봐도 됩니까?

Kěyǐ shìchuān ma?

可以试穿吗? 커이 스촨 마?

너무 작아요.

Tài xiǎole.

太小了。 타이 샤오 러.

물건하기

조금 크군요.
Yǒu diǎnr dà.
有点儿大。 여우디알 따.

너무 비싸요.
Tài guì le.
太贵了。 타이꾸이 러

좀 싸게 해주세요.
Piányi yìdiǎnr, hǎo ma?
便宜一点儿、好吗？ 피엔이 이디알, 하오마?

세일합니까?
Dǎzhé ma?
打折吗？ 다저 마?

영수증을 주십시오.
Gěi wǒ shōujù.
给我收据。 게이 워 셔우쥐.

그냥 좀 보는 겁니다.
Wǒ zhǐshì kànkan.
我只是看看。 워 즈스 칸칸.

교환 됩니까?
Kěyǐ tuìhuò ma?
可以退货吗？ 커이 투이훠 마?

10. 가격말하기

0.01위엔(1펀)	yì fēn qián 一 分 （钱）	이펀(치엔)
0.1위엔(1마오)	yì máo 一 毛 （钱）	이마오
1위엔	yí kuài 一 块 （钱）	이콰이
10위엔	shí kuài 十 块 （钱）	스콰이
20위엔	èr shí kuài 二 十 块 （钱）	얼스콰이
50위엔	wǔ shí kuài 五 十 块 （钱）	우스콰이
100위엔	yì bǎi kuài 一 百 块 （钱）	이바이콰이
1000위엔	yì qiān kuài 一 千 块 （钱）	이치엔콰이
150위엔	yì bǎi wǔ shí kuǎi　　　yì bǎi wǔ 一 百 五 十 块 （钱） / 一 百 五	이바이 우스콰이 / 이바이 우

105위엔　一百零五块 (钱) 이바이 링 우콰이

1050위엔　一千零五十块 (钱) 이치엔 링 우스콰이

 # 11. 숫자말하기

1 yī 一 이	2 èr 二 얼	3 sān 三 싼	4 sì 四 쓰	5 wǔ 五 우	6 liù 六 리우	7 qī 七 치	8 bā 八 빠	9 jiǔ 九 지우	10 shí 十 스
11 shí yī 十一 스이	12 shí èr 十二 스얼	13 shí sān 十三 스싼	14 shí sì 十四 스쓰	15 shí wǔ 十五 스우	16 shí liù 十六 스리우	17 shí qī 十七 스치	18 shí bā 十八 스빠	19 shí jiǔ 十九 스지우	20 èr shí 二十 얼스
20 èr shí 二十 얼스	30 sān shí 三十 싼스	40 sì shí 四十 쓰스	50 wǔ shí 五十 우스	60 liù shí 六十 리우스	70 qī shí 七十 치스	80 bā shí 八十 빠스	90 jiǔ shí 九十 지우스	100 yì bǎi 一百 이바이	1000 yì qiān 一千 이치엔

	líng	
0	零	링

	èr	
2	二	얼

	èr shí	
20	二十	얼스

	liǎng bǎi èr shí liǎng bǎi èr	
220	两百二十 또는 两百二	
	량바이 얼스, 량바이 얼	

	liǎng qiān liǎng bǎi liǎng qiān èr	
2200	两千两百 또는 两千二	
	량치엔 량바이, 량치엔 얼	

2020	liǎng qiān líng èr shí 两 千 零 二 十	량치엔 링 얼스
2002	liǎng qiān líng èr 两 千 零 二	량치엔 링 얼
만	yí wàn 一 万	이완
억	yí yì 一 亿	이이
몇	jǐ 几	지
얼마	duōshao 多 少	뚸샤오
1개	yí ge 一 个	이거
2개	liǎng ge 两 个	량거
몇 개	jǐ gè 几 个	지거
첫째	dì yī 第 一	띠 이

둘째	dì èr 第二	띠 얼
몇째	dì jǐ 第几	띠 지
한 번	yī cì 一次	이 츠
두 번	liǎng cì 两次	량 츠

*1은 전화번호, 우편번호, 방번호 등 숫자가 여러개 나올 때, 헛갈리지 않게 '이'라고 읽는 대신 '야오'라고 읽기도 한다.
예) 전화번호 711-1117 : 치이이 이이이치 (헛갈림)
　　　　　　　　　　　　치야오야오 야오야오야오치 (명확히 들림)

*2는 뒤에 양사가 나오는 경우 '얼'이 아니라 '량'으로 읽힌다.
예) 2개 : '二个'라고 쓰더라도 '两个'라고 읽는다.

12. 대명사

사람을 가리키는 말

나	我 워 (wǒ)	우리	我们 워먼 (wǒmen)
너 / 당신	你 니 (nǐ) / 您 닌 (nín)	너희 / 당신들	你们 니먼 (nǐmén)
그	他 타 (tā)	그들	他们 타먼 (tāmen)
그녀	她 타 (tā)	그녀들	她们 타먼 (tāmen)

사물을 가리키는 말

이	这 쩌 (zhè)	이것	这个 쩌거 (zhège)
그 / 저	那 나 (nà)	그것 / 저것	那个 나거 (nàge)
어느	哪 나아 (nǎ)	어느 것	哪个 나아거 (nǎge)

여기 / 이곳 这儿 ^{zhèr} 쩔   이쪽 这边儿 ^{zhè biānr} 쩌비알

저기 / 그곳 那儿 ^{nàr} 날   저쪽 / 그쪽 那边儿 ^{nàbiānr} 나비알

대명사

35

13. 호칭

모르는 어른 남자(Mr)

xiānsheng
先 生 씨엔셩

아는 어른 남자

xiānsheng　Wáng xiānsheng, Lǐ xiānsheng
성 + 先 生 : 王 先 生, 李 先 生
왕 씨엔셩, 리 씨엔셩

남자 노인

Lǎo xiānsheng
老 先 生 라오 씨엔 셩

종업원, 택시운전기사

shī fu
师 傅 스푸

모르는 여자, 종업원(Miss)

xiǎojiě
小 姐 샤오지에

아는 여자(젊은 편)

xiǎojiě　Jīn xiǎojiě
성 + 小 姐 : 金 小 姐 진 샤오지에

부인(Mrs)
tàitai
太 太 타이타이

여사
nǚshì
女 士 (성을 알 때는 성 + 女 士) 뉘스

여자 노인
lǎo   tàitai
老 太 太   라오 타이타이

아가씨, 처녀
gūniáng
姑 娘 꾸냥

꼬마
xiǎo péngyou
小 朋 友 샤오 펑요

친구
péngyou
朋 友 펑요

14. 연월일, 요일

2002년 2월 14일

èr líng líng èr nián èr yuè shí sì hào

二 零 零 二 年 二 月 十 四 号

얼 링 링 얼 니엔 얼 위에 스쓰 하오

몇월 몇일

jǐ yuè jǐ hào

几 月 几 号　　지 위에 지 하오

작 년	올 해	내 년
qù nián	jīnnián	míngnián
去 年	今 年	明 年
취니엔	진니엔	밍니엔

이번 달	지난 달	다음 달
zhè ge yuè	shàng ge yuè	xià ge yuè
这 个 月	上 个 月	下 个 月
쩌 거 위에	샹 거 위에	시아 거 위에

월요일	화요일	수요일	목요일	금요일	토요일	일요일
xīngqi yī	xīngqi èr	xīngqi sān	xīngqi sì	xīngqi wǔ	xīngqi liù	xīngqi tiān
星期一	星期二	星期三	星期四	星期五	星期六	星期天
싱치이	싱치얼	싱치싼	싱치쓰	싱치우	싱치리우	싱치티엔

무슨 요일

xīng qi jǐ
星 期 几 싱치지?

이번 주	지난 주	다음 주
zhè ge xīngqi	shàng ge xīngqi	xià ge xīngqi
这个星期	上个星期	下个星期
쩌 거 싱 치	상 거 싱 치	시아거싱 치

15. 장소, 시간, 때

장 소

여 기		저 기		어 디	
zhèr	zhèli	nàr	nàli	nǎr	nǎli
这儿 ·	这里	那儿 ·	那里	哪儿 ·	哪里
쩔	쩌리	날	나리	나알	나알리

동 쪽	서 쪽	남 쪽	북 쪽
dōngbiānr	xībiānr	nánbiānr	běibiānr
东边儿	西边儿	南边儿	北边儿
뚱비알	시비알	난비알	베이비알

앞 쪽	뒤 쪽	왼 쪽	오른쪽
qiánbiānr	hòubiānr	zuǒbiānr	yòubiānr
前边儿	后边儿	左边儿	右边儿
치엔비알	허우비알	주어비알	여우비알

안쪽	바깥쪽
lǐbiānr	wàibiānr
里边儿	外边儿

몇시 몇분

jǐ diǎn jǐ fēn
几 点 几 分　　지디엔 지펀

1시 10분

yì diǎn shí fēn
一 点 十 分　　이디엔 스펀

2시 20분

liǎng diǎn èr shí fēn
两 点 二 十 分　　량디엔 얼스펀

8시 15분

bā diǎn shí wǔ fēn,　　　　bā diǎn yí kè
八 点 十 五 分、 또는 八 点 一 刻
빠디엔 스우펀,　　　　　　빠디엔 이커

3시 반

sān diǎn bàn
三 点 半　싼디엔 빠

5분전 2시

chà wǔ fēn liǎng diǎn
差 五 分 两 点　　차 우펀 량디엔

장소 시간 때

아침	점심	저녁, 밤	낮	오전	오후	지금
zǎoshàng	*zhōngwǔ*	*wǎnshàng*	*báitiān*	*shàngwǔ*	*xiàwǔ*	*xiànzài*
早上	中午	晚上	白天	上午	下午	现在
쟈오샹	쭝우	완샹	바이티엔	샹우	시아우	시엔짜이

II. 이럴 땐

이렇게 말하자

공항에서

1. 비행기 안에서

이 좌석은 어디입니까?
Wǒ de zuò wèi zài nǎr?
我 的 座 位 在 绞 儿? 워더 쭤웨이 짜이날?

여기 제 탑승권입니다.
Zhè shì wǒ de dēngjīpái.
这 是 我 的 登 机 牌。 쩌쓰 워더 떵지파이

죄송합니다만, 좀 비켜주세요.
Duìbuqǐ, qǐng ràng yí xià.
对 不 起, 请 让 一 下。 뛔부치, 칭 랑이샤

죄송합니다만, 좌석을 좀 바꿔주시겠어요?
Duìbuqǐ, néng bu néng huàn yíxià zuòwèi?
对 不 起, 能 不 能 换 一 下 座 位?
뛔부치, 넝뿌넝 환이샤 쭤웨이?

담요를 가져다 주세요.
Qǐng gěi wǒ yì zhāng máotǎn.
请 给 我 一 张 毛 毯。 칭 게이워 이짱 마오탄.

한국 신문 있습니까?

Yǒu méi yǒu Hánguó bàozhǐ?

有 没 有 韩 国 报 纸 ? 요메이요 한궈 빠오즈?

소고기로 하시겠습니까, 닭고기로 하시겠습니까?

Niúròu háishì jīròu?

牛 肉 还 是 鸡 肉 ? 니우러우 하이쓰 지러우?

소고기로 주십시오.

Níròu.

牛 肉。 니우러우

뭘 마시겠습니까?

Nín yào hē diǎnr shénme?

您 要 喝 点 儿 什 么 ? 닌야오 허디얼 션머?

어떤 음료가 있습니까?

Yǒu shénme yǐnliào?

有 什 么 饮 料 ? 여우션머 인랴오?

커피 드시겠습니까, 차 드시겠습니까?

Hē kāfēi háishì hē chá?

喝 咖 啡 还 是 喝 茶 ? 허 카페이 하이쓰 허차?

커피 주십시오.

Wǒ yào hē kāfēi.

我 要 喝 咖 啡。 워야오 허 카페이.

콜라 한 잔 주십시오.
Gěi wǒ yì bēi kělè.
给我一杯可乐。 게이워 이뻬이 컬러.

사이다 한 잔 주십시오.
Gěi wǒ yì bēi qìshuǐ.
给我一杯气水。 게이워 이뻬이 치쉐이.

쥬스 한 잔 주십시오.
Gěi wǒ yì bēi guǒzhī.
给我一杯果汁。 게이워 이뻬이 궈즈.

생수 한 잔 주십시오.
Gěi wǒ yì bēi kuàngquánshuǐ.
给我一杯矿泉水。 게이워 이뻬이 쾅 취엔 쉐이.

고추장 있습니까?
Yǒu méi yǒu làjiāojiàng?
有没有辣椒酱? 요메이요 라쟈오쟝?

베이징에는 몇 시에 도착합니까?
Jǐ diǎn dào Běijīng?
几点到北京? 지디엔 따오 베이징?

언제 도착하나요?
Shénme shíhòu dào?
什么时候到? 션머 스홀 따오?

왜 연착하는 겁니까?
Wéishénme yánwù?
为 什 么 延 误 ? 웨이 션머 옌우?

화장실이 어디입니까?
Xǐshǒujiān zài nǎr?
洗 手 间 在 哪 儿 ? 시셔우지엔 짜이 날?

입국 신고서를 한 장 더 주세요.
Zài gěi wǒ yì zhāng rù jìng dēngjìkǎ.
再 给 我 一 张 入 境 登 记 卡。
짜이 게이워 이짱 루징 떵지카.

펜을 좀 빌려 주시겠어요?
Wǒ néng bù néng jièyòng yí xià bǐ?
我 能 不 能 借 用 一 下 笔 ?
워 넝뿌넝 지에융 이샤 비?

이렇게 작성하면 되나요?
Zhèyàng xiě xíng ma?
这 样 写 行 吗 ? 쩌양 시에 싱마?

한국어를 하는 스튜어디스를 불러주세요.
Qǐng jiào yíxià huì shuō Hànyǔ de xiǎojie.
请 叫 一 下 会 说 韩 语 的 小 姐。
칭 쨔오 이샤 후이 슈어 한위더 샤오지에.

한국 돈으로 계산해도 됩니까?
Kěyǐ yòng hánbì fù qián ma?
可以用韩币付钱吗? 커이융 한삐 푸치엔 마?

비행기 내에서 듣게 되는 말

안전벨트를 매어 주십시오.
Qǐng nín jì hǎo ānquándài.
请您系好安全带。 칭닌 지하오 안취엔 따이.

입국신고서를 작성해주십시오.
Qǐng nín tián yí xià rù jìng dēngjìkǎ.
请您填一下人境登记卡。
칭닌 티엔이샤 루징 떵지카.

날씨 관계로 비행기가 30분 연착하겠습니다.
Yóuyú tiānqi de yuányīn, fēijī yánwù bàn ge zhōngtou.
由于天气的原因, 飞机延误半个钟头。
여우위 티엔치더 위엔인, 페이지 옌우 빤거 쫑터우

승객 여러분의 양해를 부탁합니다.
Qǐng gèwèi chéngkè duōduō yuánliàng.
请各位乘客多多原谅。
칭 꺼웨이 청커 뚸 뚸 위엔량.

2. 입국 심사장에서

여권을 보여 주십시오.

Qǐng chūshì yí xià nín de hù zhào.
请 出 示 一 下 您 的 护 照。　칭 추쓰이샤 닌더 후쟈오.

여기 있습니다.

Gěi nín.
给 您。　게이닌.

중국에 오신 목적이 무엇입니까?

Qǐngwèn, nín láifǎng de mù dì shì shénme?
请 问, 您 来 访 的 目 的 是 什 么？
칭원, 닌 라이팡 더 무띠 쓰 션머?

관광입니다.

Wǒ lái lǚyóu.
我 来 旅 游。　워라이 뤼여워.

유학왔습니다.

Wǒ lái liúxué.
我 来 留 学。　워라이 리우슈에.

출장왔습니다.

Wǒ lái chūchaī.
我 来 出 差。　워라이 추차이.

중국에 얼마나 머무르실 예정입니까?
Nín dǎsuàn zài Zhōngguó dāi duōcháng shíjiān?
您 打 算 在 中 国 待 多 长 时 间 ?
닌 다쏸 짜이 쫑궈 따이 뛰창 스지엔?

일주일 가량 있을 겁니다.
Yí ge xīngqī zuǒyòu.
一 个 星 期 左 右 。 이거 싱치 줘여우.

어디 머무르실 겁니까?
Nín jiāng zhù nǎr?
您 将 住 哪 儿 ? 닌 지앙 쭈날?

아직 결정하지 못했습니다.
Hái méi juédìng?
还 没 决 定 ? 하이메이 쥬에띵.

베이징 호텔에 묵을 예정입니다.
Běijīng fàndiàn.
北 京 饭 店 。 베이징 판띠엔.

또 어느 곳을 가실 생각이십니까?
Nín hái xiǎng qù shénme dìfang?
您 还 想 去 什 么 地 方 ? 닌 하이 샹 취 션머 띠팡?

3. 짐 찾기

어디서 짐을 찾나요?

Qǐngwèn, Wǒ zài nǎr qǔ xíngli?

请问, 我 在 哪儿 取 行 李? 칭원, 워 짜이날 취 싱리?

아시아나 항공 OZ 331편은 어디에서 짐을 찾나요?

Qǐngwèn, Hányà OZ sān sān yāo cì bānjī zài nǎr

请问, 韩 亚 ＯＺ 三 三 一 次 班 机 在 哪 儿

qǔ xíngli?

取 行 李 ? 칭원, 한야 OZ쌴쌴야오 츠 빤지 짜이날 취 싱리?

제 짐을 찾을 수가 없습니다.

Wǒ zhǎo bú dào wǒ de xíngli.

我 找 不 到 我 的 行 李。 워 쟈오 부따오 워더 싱리.

제 짐이 도착하지 않았습니다.

Wǒ de xíngli méiyǒu dào.

我 的 行 李 没 有 到。 워더 싱리 메이여우 따오.

이건 제 짐입니다.

Zhè shì wǒ de xíngli.

这 是 我 的 行 李。 쩌쓰 워더 싱리.

이것은 제 수하물표입니다.

Zhè shì wǒ de xínglipái.

这 是 我 的 行 李 牌。 쩌쓰 워더 싱리파이.

얼마나 기다려야 찾을 수 있을까요?

Yào děng duōjiǔ kěyǐ zhǎo dào?

要 等 多 久 可 以 找 到？ 야오 덩 뚸지우 커이 쟈오따오?

짐을 찾으면 바로 제게 연락해주세요.

Zhǎo dào le, Qǐng mǎshàng gēn wǒ liánxì.

找 到 了, 请 马 上 跟 我 联 系。

쟈오따오러, 칭 마샹 껀워 리엔시.

이것은 제 전화번호와 주소입니다.

Zhè shì wǒ de diànhuà hàoma hé dìzhǐ.

这 是 我 的 电 话 号 码 和 地 址。

쩌쓰 워더 띠엔화 하오마 허 띠즈.

4. 세관에서

세관에 신고할 물품이 있나요?

Nín yǒu dōngxi yào bàoguān ma?

您 有 东 西 要 报 关 吗？ 닌 여우 뚱시 야오 빠오꽌 마?

이것은 무엇입니까?

Zhèxiē shì shénme?

这 些 是 什 么？ 쩌씨에 쓰 션머?

모두 개인용품들입니다.

Zhèxiē dōushì gèrén yòngpǐn.

这 些 都 是 个 人 用 品。 쩌씨에 떠우쓰 꺼렌 융핀.

이 물건들은 제가 쓰는 것입니다.

Zhèxiē dōushì wǒ zìjǐ yòng de.

这 些 都 是 我 自 己 用 的。 쩌씨에 떠우쓰 워 쯔지 융더.

가방을 열어보아도 되겠습니까?

Kěyǐ dǎkāi yí xià xíngli ma?

可 以 打 开 一 下 行 李 吗？ 커이 다카이 이샤 싱리 마?

가방을 닫아도 되겠습니까?

Wǒ kěyǐ bǎ xíngli shōu qǐlái ma?

我 可 以 把 行 李 收 起 来 吗？

워 커이 바 싱리 셔우 치라이 마?

5. 환전하기

환전하는 곳이 어디입니까?

Zài   nǎr   huànqián?

在 哪 儿 换 钱 ? 짜이 날 환치엔?

달러를 인민폐로 환전하고 싶습니다.

Wǒ yào bǎ měiyuán huàn chéng rénmínbì.

我 要 把 美 元 换 成 人 民 币。

워 야오 바 메이위엔 환청 렌민삐.

얼마나 바꾸시겠습니까?

Nín yào huàn duōshao?

您 要 换 多 少 ? 닌 야오 환 둬샤오?

500달러 바꿔 주십시오.

Huàn wǔ bǎi měiyuán.

换 五 百 美 元。 환 우바이 메이위엔.

여권을 보여주세요.

Qǐng chūshì yí xià nín de hù zhào.

请 出 示 一 下 您 的 护 照。

칭 추쓰 이샤 닌더 후짜오.

이 환전표를 작성해 주세요.

Qǐng tiān yí xià biǎogé

请 填 一 下 这 个 表 格。

칭 티엔 이샤 쩌거 빠오거.

이렇게 쓰면 되나요?

Zhèyàng xiě jiù xíng ma?

这 样 写 就 行 吗？ 쩌양 시에 찌우 싱마?

여기에 사인하시고 잠시만 기다리세요.

Zài zhèr qiānmíng yí xià, qǐng shāo děng.

在 这 儿 签 名 一 下, 请 稍 等。

짜이 쩔 치엔밍 이샤, 칭 샤오 덩.

오늘 환율이 얼마인가요?

Jīntian de huìlǜ shì duōshao?

今 天 的 汇 率 是 多 少？ 찐티엔 더 후이뤼 쓰 뛰샤오?

여행자수표도 환전됩니까?

Lǚxíng zhīpiào yě kěyǐ huàn ma?

旅 行 支 票 也 可 以 换 吗？ 뤼싱 즈퍄오 예 커이 환바?

100위엔을 10위엔 10장으로 바꿔 주세요.

Qǐng bǎ yì bǎi kuài huànchéng shí zhāng shí kuài de.

请 把 一 百 块 换 成 十 张 十 块 的。

칭 바 이바이 콰이 환청 스장 스콰이더.

6. 공항에서 각종 정보 얻기

안내소가 어디 있나요?

Xúnwènchù zài nǎr?

询问处在哪儿? 쉰원추 짜이날?

시내지도는 어디서 파나요?

Shìqū dìtú zài nǎr mǎi?

市区地图在哪儿买? 쓰취 띠투 짜이날 마이?

시내 지도 한 장 주십시오.

Gěi wǒ yì zhāng shìqū dìtú, hǎo ma?

给我一张市区地图，好吗?

게이워 이짱 쓰취 띠투, 하오마?

이 주소가 어디인지 봐주세요.

Qǐng kàn yí xià zhè ge dìzhǐ zài shénme dìfang?

请看一下这个地址在什么地方?

칭 칸이샤 쩌거 띠즈 짜이 션머 띠팡?

이곳까지 택시로 얼마나 나올까요?

Dào zhè ge dìfang chūzūchēfèi huì duōshao?

到这个地方出租车费会多少?

따오 쩌거 띠팡 추주처 페이 후이 뚸샤오?

공항에 짐을 맡겨놓을 수 있나요?

Zài jīchǎng kěyǐ jìcún xíngli ma?

在 机 场 可 以 寄 存 行 李 吗 ?

짜이 지창 커이 지춘 싱리마?

시간당 얼마인가요?

Yí ge xiǎoshí duōshao qián?

一 个 小 时 多 少 钱 ? 이거 샤오스 뚸샤오 치엔?

여기에서 호텔 예약을 할 수 있을까요?

Zài zhèr kěyǐ yù dìng fàndiàn ma?

在 这 儿 可 以 预 订 饭 店 吗 ?

짜이쩔 커이 위띵 판띠엔 마?

호텔을 좀 소개해 주시겠어요?

Qǐng jièshao yí xià fàndiàn.

请 介 绍 一 下 饭 店 。 칭 지에샤오 이샤 판띠엔.

하루에 얼마입니까?

Yì tiān duōshao qián?

一 天 多 少 钱 ? 이티엔 뚸샤오 치엔?

좀 더 싼 호텔은 없나요?

Yǒu méiyǒu gèng piányi de fàndiàn?

有 没 有 更 便 宜 的 饭 店 ?

요메요 껑 피엔이 더 판띠엔?

역에서 가까운 호텔로 소개해 주세요.

Qǐng jièshao yí xià lí chē zhàn zuì jìn de fàndiàn.

请 介 绍 一 下 离 车 站 最 近 的 饭 店。

칭 지에샤오 이샤 리 처 짠 쭈이 진 더 판띠엔.

교통수단

7. 버스타기

공항에서 버스타기

공항버스는 어디서 탑니까?

Mínháng bānchē zài nǎr zuò?

民 航 班 车 在 哪 儿 坐 ? 민항 빤처 짜이날 쭤?

이 버스는 베이징 역에 갑니까?

Zhè ge bānchē dào Běijīng huǒchēzhàn ma?

这 个 班 车 到 北 京 火 车 站 吗?

쩌거 빤처 따오 베이징 훠처짠 마?

네, 타십시오.

Dào, qǐng shàng chē.

到, 请 上 车。 따오, 칭 상처.

베이징 역에 도착하면 좀 알려주시겠어요?

Dào le Běijīng huǒchēzhàn qǐng gàosu wǒ yí xià.

到 了 北 京 火 车 站, 请 告 诉 我 一 下。

따오러 베이징 훠처짠, 칭 까오쑤 워 이샤.

시딴(西單)까지 얼마나 걸립니까?

Dào Xīdān yào duōcháng shíjiān?

到 西 单 要 多 长 时 间 ? 따오 시딴 야오 뒈창 스지엔?

차표는 얼마입니까?

Chēpiào duōshao qián?

车 票 多 少 钱 ? 처퍄오 뒤사오 치엔?

짐 좀 옮겨 주시겠습니까?

Qǐng bāng wǒ bān yíxià xíngli hǎo ma?

请 帮 我 搬 一 下 行 李, 好 吗 ?

칭 빵워 빤이샤 싱리, 하오마?

시내에서 버스타기

말씀 좀 묻겠습니다, 정류장이 어디 있나요?

Qǐngwèn, chēzhàn zài nǎr?

请 问, 车 站 在 哪 儿 ? 칭원, 처짠 짜이날?

바로 저 앞입니다.

Jiù zài qiánbiānr.

就 在 前 边 儿。 지우짜이 치엔비얼.

고궁에 가려면 몇 번 버스를 타야되나요?

Dào Gù gōng yào zuò jǐ lù chē?

到 故 宫 要 坐 几 路 车 ? 따오 꾸꿍 야오 쮀 지루 처?

5번을 타세요.

Zuò wǔ lù chē.
坐 五 路 车。 쮜 우루 처.

이 버스, 고궁 갑니까?

Zhè lù chē dào Gù gōng ma?
这 路 车 到 故 宫 吗？ 쩌루 처 따오 꾸꿍마?

고궁까지 몇 정류장 더 가야 됩니까?

Dào Gù gōng hái yǒu jǐ zhàn?
到 故 宫 还 有 几 站？ 따오 꾸꿍 하이요 지짠?

고궁 다 왔습니다. 내리세요.

Gù gōng dào le, Qǐng xià chē.
故 宫 到 了, 请 下 车。 꾸꿍 따올러, 칭 샤처.

시딴에 가려면 어디서 갈아타야 합니까?

Yào dào Xīdān zài nǎr huànchē?
要 到 西 单 在 哪 儿 换 车？ 야오따오 시딴 짜이날 환처?

8. 택시타기

우리 택시타고 갑시다.

Wǒmen dǎdī qù ba.

我们打的去吧。 워먼 다띠 취바.

택시!

Chūzūchē!

出租车! 추주처!

갑니까?

Zǒu ma?

走吗？ 쩌우마?

미터로 갑시다.

Dǎ biǎo zǒu ba.

打表走吧。 다뱌오 쩌우바.

이곳을 압니까?(주소를 보여주면서)

Nǐ zhīdao zhè ge dìfang ma?

你知道这个地方吗？ 니 즈다오 쩌거 띠팡 마?

거기까지 얼마나 걸립니까?

Dào nàr yào zǒu duōcháng shíjiān?

到那儿要走多长时间？

따오날 야오 쩌우 뚸창 스지엔?

좀 빨리 가주시겠어요?

Kāi kuài diǎnr,   hǎo ma?
开 快 点 儿, 好 吗? 카이 콰이디알, 하오마?

좀 천천히 가주시겠어요?

Kāi màn diǎnr,   hǎo ma?
开 慢 点 儿, 好 吗? 카이 만디알, 하오마?

이 시간에 차가 막힙니까?

Zhè ge shíhòu   dǔchē   ma?
这 个 时 候 堵 车 吗? 쩌거 스홀 두처마?

홍챠오(紅橋) 공항까지 대략 얼마나 나옵니까?

Dào Zhōngguó fàndiàn   dàgài   duōshao qián?
到 中 国 饭 店 大 概 多 少 钱?
따오 쭝궈 판띠엔 따까이 뭐샤오 치엔?

너무 비쌉니다. 좀 깎아 주세요.

Tài guì le,   piányi yì diǎnr ba.
太 贵 了, 便 宜 一 点 儿 吧。
타이 꾸일러, 피엔이 이디알 바

일부러 돌아온 것 아닙니까?

Shì bu shì gù yì rào lù le?
是 不 是 故 意 绕 路 了? 쓰부쓰 꾸이 라오룰러?

50위엔이면 충분하겠지요?

wǔ shí kuài goù le ba.
五 十 块 够 了 吧。 우스 콰이 꺼울러 바.

속이지 마세요.

Nǐ bú yào piàn wǒ!
你 不 要 骗 我! 니 부야오 피엔워!

고속도로 통행료는 얼마입니까?

Gāosù gōnglù fèi shì jǐ kuài qián?
高 速 公 路 费 是 几 块 钱?
까오쑤 꿍루페이 쓰 지콰이 치엔?

택시 하루 전세내면 얼마나 합니까?

Bāo yì tiān de chē duōshao qián?
包 一 天 的 车 多 少 钱? 빠오 이티엔 더 처 뚸사오 치엔?

이 택시로 돌아가고 싶은데 30분만 기다려 주세요.

Wǒ xiǎng zuò zhè liàng chē huíqù, děng wǒ sān shí fēn zhōng,
我 想 坐 这 辆 车 回 去, 等 我 三 十 分 钟,
hǎo ma?
好 吗? 워샹 쮜 쩌량처 후이취, 덩워 싼스 펀쭝, 하오마?

요금이 왜 미터기와 다릅니까?

Chēfèi wéishénme gēn biǎo bù yíyàng?
车 费 为 什 么 跟 表 不 一 样?
처페이 웨이 션머 껀 뱌오 뿌이양?

저 앞에서 좌회전 해주세요.
Zài qiánbiānr wǎng zuǒ guǎi.
在 前 边 儿 往 左 拐。 짜이 치엔비얼 왕주어 과이.

우회전 해주세요.
Yòu zhuǎn.
右 转。 요우 쭈안.

U턴 해주세요.
Diào tóur zǒu.
掉 头 儿 走。 띠아오 터울 쩌우.

앞에 사거리에서 우회전 해주세요.
Zài qiánbiār de shízì lù kǒu wǎng yòu guǎi.
在 前 边 儿 的 十 字 路 口 往 右 拐。
짜이 치엔비얼 더 스쯔 루커우 왕요우 과이.

기사 아저씨, 다 왔습니다.
Shīfu, dào le.
师 傅, 到 了。 쓰푸, 따올러.

저 앞에 세워주세요.
Qiánbiānr tíng yí xià.
前 边 儿 停 一 下。 치엔비얼 팅이샤.

신호등 앞에서 세워주세요.

Zài hónglǜ dēng qiánbiānr tíng yí xià.

在 红 绿 灯 前 边 儿 停 一 下 。

짜이 홍뤼떵 치엔비얼 팅이샤.

길옆으로 대주세요.

Kào biānr tíng yí xià.

靠 边 停 一 下 。 카오비엔 팅이샤.

호텔 입구에 세워주세요.

Zài fàndiàn ménkou tíng yí xià.

在 饭 店 门 口 停 一 下 。 짜이 판띠엔 먼커우 팅이샤.

100위엔 짜리인데 잔돈 있습니까?

Shì yì bǎi kuǎi de, nǐ zhǎo de kāi ma?

是 一 百 块 的 , 你 找 得 开 吗 ?

쓰 이바이 콰이더, 니 쟈오더 카이마?

잔돈은 됐습니다.

Bú yòng zhǎo le.

不 用 找 了 。 부융 쟈올러.

영수증을 주세요.

Qǐng fā piào.

请 发 票 。 칭 파퍄오.

9. 지하철 타기

이 근처에 지하철역이 있습니까?

Zhè fù jìn yǒu dìtiězhàn ma?

这附近有地铁站吗? 쩌푸진 요우 띠티에짠 마?

여기서 가장 가까운 지하철역이 어디입니까?

Lí zhèr zuìjìn de huǒchēzhàn zài nǎr?

离这儿最近的火车站在哪儿?

리쩔 쭈이 진더 후어처짠 짜이날?

지하철역 입구가 어디 있습니까?

Dìtiězhàn rù kǒu zài nǎr?

地铁站入口在哪儿? 띠티에짠 루커우 짜이날?

표는 어디서 삽니까?

Chēpiào zài nǎr mǎi?

车票在哪儿买? 처퍄오 짜이날 마이?

매표소는 어디에 있습니까?

Shòupiàochù zài nǎr?

售票处在哪儿? 셔우퍄오추 짜이날?

표 한 장 주세요.

Gěi wǒ yì zhāng piào.

给我一张票。 게이워 이짱 퍄오.

표 한 장에 얼마입니까?

Yì zhāng duōshao qián?

一 张 多 少 钱 ? 이짱 뒤샤오 치엔?

천안문으로 가려면 어디에서 내려야 합니까?

Dào Tiān'ānmén yào zài   nǎr   xià chē?

到 天 安 门 要 在 哪 儿 下 车 ?

따오 티엔안먼 야오 짜이날 샤처?

꿍주펀(公主墳)에 가려면 어느 방향에서 타야 합니까?

Qù Gōngzhǔfén cóng nǎ ge   fāngxiàng shàng?

去 公 主 坟 从 哪 个 方 向 上 ?

취 꿍주펀 총 나거 팡샹 상?

이 차는 꿍주펀에 갑니까?

Zhè lù chē dào Gōngzhǔfén ma?

这 路 车 到 公 主 坟 吗 ? 쩌루처 따오 꿍주펀 마?

안 갑니다. 이 차는 순환노선(環線)입니다.

Bú qù,   Zhè shì huánxiàn.

不 去, 这 是 环 线。 부취, 쩌쓰 환시엔.

1호선으로 갈아타려면 어디서 내려야 합니까?

Yàohuàn yí xiàn zài nǎr   xià chē?

要 换 一 线 在 哪 儿 下 车 ? 야오환 이시엔 짜이날 샤처?

푸싱먼(復興門) 역에서 내려서 1호선으로 갈아타면
됩니다.

Dào Fù xīngmén chēzhàn xià chē, huàn chéng yí xiàn dìtiě
到 复 兴 门 车 站 下 车， 换 乘 一 线 地 铁
jiù xíng.
就 行。　 따오 푸싱먼 처짠 샤처, 환청 이시엔 띠티에 지우싱.

치엔먼까지 몇 정거장 더 가야 합니까?

Dào Qiánmén hái yǒu jǐ zhàn?
到 前 门 还 有 几 站？ 따오 치에먼 하이요 지짠?

다음 역은 어디입니까?

Xià yí ge chēzhàn shì　nǎr?
下 一 个 车 站 是 哪 儿？ 샤이거 처짠 쓰날?

왕푸징으로 가는 출구는 어느 쪽 입니까?

Wǎng Wángfǔjǐng de chūkǒu shì shénme fāngxiàng?
往 王 府 井 的 出 口 是 什 么 方 向？
왕 왕푸징더 추커우 쓰 셔머 팡샹?

10. 기차타기

베이징 서(西)역은 어떻게 갑니까?

Běijīng xīzhàn zěnme zǒu?

北 京 西 站 怎 么 走 ? 베이징 시짠 쩐머 쩌우?

베이징역은 어디에 있습니까?

Běijīng huǒchēzhàn zài nǎr?

北 京 火 车 站 在 哪 儿 ? 베이징 훠처짠 짜이날?

열차시간표는 어디에서 팝니까?

Lièchē shíjiānbiǎo zài nǎr mǎi?

列 车 时 间 表 在 哪 儿 买 ?

리에처 스지엔 뱌오 짜이날 마이?

열차시간표 한 부 주세요.

Gěi wǒ yí fèn lièchē shíjiānbiǎo, hǎo ma?

给 我 一 份 列 车 时 间 表, 好 吗 ?

게이워 이펀 리에처 스지엔 뱌오, 하오마?

매표소가 어디입니까?

Shòupiàochù zài nǎr?

售 票 处 在 哪 儿 ? 셔우퍄오추 짜이날?

외국인 매표소가 어디입니까?

Wàibīn shòupiàochù zài nǎr?

外 宾 售 票 处 在 哪 儿 ? 와이삔 셔우퍄오추 짜이날?

대합실은 어디에 있습니까?

Hòutíngshì zài nǎr?

候 停 室 在 哪 儿 ? 호우팅스 짜이날?

내일 상하이 행 기차표 있습니까?

Yǒu méiyǒu míngtiān kāi wǎng Shànghǎi de huǒchēpiào?

有 没 有 明 天 开 往 上 海 的 火 车 票 ?

요메이요 밍티엔 카이왕 샹하이더 훠처퍄오?

몇 시 기차가 있습니까?

Yǒu jǐdiǎn de huǒchē?

有 几 点 的 火 车 ? 여우 지디엔 더 훠처?

조금 이른 시간 표는 없습니까?

Yǒu méiyǒu zǎo diǎnr de piào?

有 没 有 早 点 儿 的 票 ? 요메이요 자오디알 더 퍄오?

좀 더 늦은 시간 열차는 없습니까?

Yǒu méiyǒu wǎn diǎnr de piào?

有 没 有 晚 点 儿 的 票 ? 요메이요 완디알 더 퍄오?

침대칸 표 있습니까?

Yǒu wòpū ma?

有 卧 铺 吗 ? 여우 워푸마?

교통수단

딱딱한 침대칸이요, 아니면 푹신한 침대칸이요?

Yìngwò háishì ruǎnwò?

硬卧还是软卧? 잉워 하이쓰 루안워?

푹신한 침대칸 표 있습니까?

Yǒu ruǎnwò piào ma?

有软卧票吗? 여우 루안워 퍄오마?

딱딱한 침대칸 표 있습니까?

Yǒu yìngwò piào ma?

有硬卧票吗? 여우 잉워 퍄오마?

푹신한 좌석표 있습니까?

Yǒu ruǎnzuò ma?

有软坐吗? 여우 루안쭤 마?

딱딱한 좌석표 있습니까?

Yǒu yìngzuò ma?

有硬坐吗? 여우 잉쭤마?

침대 상단으로 하겠습니까, 하단으로 하겠습니까?

Yào shàngpū háishì xiàpū?

要上铺还是下铺? 야오 상푸 하이스 샤푸?

하단으로 하겠습니다.

Wǒ yào xiàpū.

我要下铺。 워야오 샤푸.

시안(西安) 가는 딱딱한 침대칸 열차표는 한 장에
얼마입니까?

Wǎng Xī'ān   de yìngwò piào yìzhāng duōshao qián?

往 西 安 的 硬 卧 票 一 张 多 少 钱 ?

왕시안 더 잉워 퍄오 이짱 뚸샤오 치엔?

표를 반환할 수 있습니까?

Kěyǐ   tuì piào ma?

可 以 退 票 吗 ?　커이 투이 퍄오마?

우시(無錫)까지 몇 시간이나 갑니까?

Dào Wúxī yào duōcháng shíjiān?

到 无 锡 要 多 长 时 间 ?　따오 우시 야오 뚸창 스지엔?

어느 플랫폼에서 타야 합니까?

Zài nǎ ge yuètái shàng chē?

在 哪 个 月 台 上 车 ?　짜이 나거 위에타이 샹처?

기차에서 내려서

기차에서 내리면 짐꾼들이 몰려오기도 한다. 역은 대개 경사로로 되어있고 출구도 가까운 편이므로 바퀴가 달린 가방이라면 짐꾼들을 철저히 무시하고 직접 끌고 가는 것이 좋다. 짐꾼들은 거의 택시나 호텔 등을 소개해 주겠다고 나서기 마련이고 그들이 소개해 준대로 간다면 그 소개비까지 물어주는 셈이다.

열차는 몇 시에 출발합니까?

Huǒchē jǐ diǎn kāi?

火 车 几 点 开 ?　훠처 지디엔 카이?

제 좌석은 어디에 있습니까?

Qǐngwèn, wǒ de zuòwèi zài nǎr?

请 问, 我 的 座 位 在 哪 儿 ?

칭원, 워더 쭤웨이 짜이날?

여기는 제 자리입니다.

Zhè shì wǒ de zuòwèi.

这 是 我 的 座 位。　쩌쓰 워더 쭤웨이.

이 자리 사람 있습니까?

Zhè ge zuòwèi yǒu rén ma?

这 个 座 位 有 人 吗 ?　쩌거 쭤웨이 여우렌 마?

짐을 여기에 두어도 됩니까?

zhèr kěyǐ fàng xíngli ma?

这 儿 可 以 放 行 李 吗 ?　쩔 커이 팡 싱리마?

식당차는 어디입니까?

Cānchē zài nǎr?

餐 车 在 哪 儿 ?　찬처 짜이날?

교통수단

다음 역에서는 몇 분간 정차합니까?

Xià yí ge chēzhàn tíng duōcháng shíjiān?

下 一 个 车 站 停 多 长 时 间 ？

샤이거 처짠 팅 뭐창 스지엔?

도시락 하나에 얼마입니까?

Fànhé yí ge duōshao qián?

饭 盒 一 个 多 少 钱 ？ 판허 이거 뭐샤오 치엔?

침대칸에 빈자리 있습니까?

Wòpū yǒu kōngwèi ma?

卧 铺 有 空 位 吗 ？ 워푸 여우 콩웨이 마?

침대표로 바꾸고 싶은데 자리 있습니까?

Wǒ xiǎng huàn wòpū piào, yǒu zuòwèi ma?

我 想 换 卧 铺 票, 有 座 位 吗 ？

워샹 환 워푸 퍄오, 여우 쭤웨이 마?

창문을 열어도 됩니까?

Kěyǐ dǎ kāi chuānghu ma?

可 以 打 开 窗 户 吗 ？ 커이 다카이 촹후마?

뜨거운 물은 어디에 있습니까?

Kāishuǐ zài nǎr?

开 水 在 哪 儿 ？ 카이슈이 짜이날?

11. 장거리 버스타기

장거리 버스 터미널이 어디입니까?

Chángtú qìchēzhàn zài nǎr?

长 途 汽 车 站 在 哪 儿 ? 창투 치처짠 짜이날?

따리(大理)행 한 장 주세요.

Gěi wǒ yì zhāng wǎng Dàlǐ de chēpiào.

给 我 一 张 往 大 理 的 车 票 。

게이워 이짱 왕 따리 더 처퍄오.

어디에서 예매할 수 있습니까?

Zài nǎr kěyǐ yù dìng?

在 哪 儿 可 以 预 订 ? 짜이날 커이 위띵?

몇 시에 출발합니까?

jǐ diǎn chūfā?

几 点 出 发 ? 지디엔 추파?

몇 시간이나 가야 합니까?

Yào zǒu duōcháng shíjiān?

要 走 多 长 时 间 ? 야오 쩌우 뚸창 스지엔?

짐은 어디에 두어야 합니까?

Xíngli fàng zài nǎr?

行 李 放 在 哪 儿 ? 싱리 팡짜이 날?

12. 자전거 빌리기

자전거는 어디서 빌립니까?

Zài nǎr kěyǐ zū zìxíngchē?

在 哪 儿 可 以 租 自 行 车 ? 짜이날 커이 쭈 쯔싱처?

자전거 한 대 빌리고 싶습니다.

Wǒ xiǎng zū yí liàng zìxíngchē.

我 想 租 一 辆 自 行 车。 워샹 쭈 이량 쯔싱처.

한 시간에 얼마입니까?

yí ge xiǎoshí duōshao qián?

一 个 小 时 多 少 钱 ? 이거 샤오스 뛰샤오 치엔?

하루 빌리는데 얼마입니까?

Zū yì tiān duōshao qián?

租 一 天 多 少 钱 ? 쭈 이티엔 뛰샤오 치엔?

반나절 빌리는데 얼마입니까?

Zū bàntiān duōshao qián?

租 半 天 多 少 钱 ? 쭈 빤티엔 뛰샤오 치엔?

세 시간 빌리겠습니다.

Wǒ yào zū sān ge xiǎoshí.

我 要 租 三 个 小 时。 워 야오 쭈 싼거 샤오스.

보증금은 얼마입니까?

Yājīn shì duōshao?

押 金 是 多 少？ 야진 쓰 뚸샤오?

여권을 맡겨야 합니까?

Nǐmen yào bǎoguǎn hù zhào ma?

你 们 要 保 管 护 照 吗？ 니먼 야오 바오관 후쟈오 마?

가격표 있습니까?

Yǒu méiyǒu jiàgébiǎo?

有 没 有 价 格 表？ 요메이요 지아거 뱌오?

다른 종류를 보여 주세요.

Gěi wǒ kàn biéde.

给 我 看 别 的。 게이 워 칸 비에더.

좀 더 높은 것은 없습니까?

Yǒu méiyǒu gāo yìdiǎnr   de?

有 没 有 高 一 点 儿 的？ 요메이요 까오 이디알 더.

이 자전거는 너무 낡았습니다.

Zhè liàng zìxíngchē tài jiù le.

这 辆 自 行 车 太 旧 了。 쩌량 쯔싱처 타이 지울러

타이어에 바람 좀 넣어주세요.

Gěi lúntāi dǎdiǎnr   qì ba.

给 轮 胎 打 点 儿 气 吧。 게이 룬타이 타디알 치바.

이 타이어가 펑크났습니다.

Zhè ge lúntāi pò le.

这 个 轮 胎 破 了。 쩌거 룬타이 포얼러.

자전거가 고장났습니다.

Zìxíngchē huài le.

自 行 车 坏 了。 쯔싱처 화일러.

자전거 수리하는 곳이 어디입니까?

Qǐngwèn, xiūli zìxíngchē de dìfang zài nǎr?

请 问, 修 理 自 行 车 的 地 方 在 哪 儿?

칭원, 시우리 쯔싱처 더 띠팡 짜이날?

자전거 수리하는데 얼마나 걸립니까?

Bǎ zìxíngchē xiūli hǎo, yào duōcháng shíjiān?

把 自 行 车 修 理 好, 要 多 长 时 间?

바 쯔싱처 시우리 하오, 야오 뚸창 스지엔?

배표는 어디에서 삽니까?

Chuánpiào zài nǎr mǎi?

船 票 在 哪 儿 买? 추안퍄오 짜이날 마이?

우한(武漢)가는 배표는 있습니까?

Yǒu méiyǒu wǎng Wǔhàn de chuánpiào?

有 没 有 往 武 汉 的 船 票?

요메이요 왕 우한더 추안퍄오?

항주(杭州)까지 몇 시간이나 걸립니까?

Dào Hángzhōu yào zuò jǐ ge xiǎoshí?

到 杭 州 要 坐 几 个 小 时?

따오 항쩌우 야오 쭤 지거 샤오스?

몇 시에 출발합니까?

jǐ diǎn kāi chuán?

几 点 开 船? 지디엔 카이추안?

저는 배멀미를 좀 하는데요, 멀미약 있습니까?

Wǒ yǒudiǎnr yūnchuán, Nǐmén yǒu yūnchuán yào ma?

我 有 点 儿 晕 船, 你 们 有 晕 船 药 吗?

워 요디알 윈추안, 니먼 여우 윈추안 야오 마?

14. 국내선 이용하기

청뚜(成都)가는 비행기표 한 장 예약하고 싶습니다.
Wǒ xiǎng dìnggòu yì zhāng wǎng Chéngdū de jīpiào.
我 想 订 购 一 张 往 成 都 的 机 票。
워샹 띵꺼우 이짱 왕 청뚜더 지퍄오.

내일 오전에 표가 있습니까?
Yǒu méiyǒu míngtiān shàngwǔ de piào?
有 没 有 明 天 上 午 的 票 ?
요메이요 밍티엔 샹우더 퍄오.

1시 5분 비행기 좌석 있습니까?
Yì diǎn líng wǔfēn de bānjī yǒu zuòwèi ma?
一 点 零 五 分 的 班 机 有 座 位 吗 ?
이디엔 링 우펀더 빤지 요 쭤웨이 마?

다음 비행기는 언제 출발합니까?
Xià yí ge bānjī jǐ diǎn chūfā?
下 一 个 班 机 几 点 出 发 ? 샤이거 빤시 시디엔 추퍼?

왕복권으로 주세요.
Gěi wǒ wǎng fǎnpiào.
给 我 往 返 票。 게이워 왕판 퍄오.

이코노미 클래스가 없으면 비즈니스 클래스로 주세요.

Rúguǒ méiyǒu jīngjìcāng, gěi wǒ shāngwù cāng ba.

如果没有经济舱，给我商务舱吧。

루궈 메이요 징지창, 게이워 샹우창바.

창가 쪽 좌석으로 주세요.

Gěi wǒ kào chuāng de zuòwèi.

给我靠走的座位。　게이워 카오추앙 더 쭤웨이.

복도 쪽 좌석으로 주세요.

Gěi wǒ kào zǒudào de zuòwèi.

给我靠走道的座位。　게이워 카오 쩌우따오 더 쭤웨이.

예약을 확인하려고 합니다.

Wǒ xiǎng quèrèn yí xià yù dìng.

我想确认一下预订。　워샹 취에렌 이샤 위띵.

예약을 취소하고 싶습니다.

Wǒ xiǎng qǔxiāo yù dìng.

我想取消预订。　워샹 취샤오 위띵.

다른 항공편으로 바꾸고 싶습니다.

Wǒ xiǎng gǎi yí xià hángbān.

我想改一下航班。　워샹 가이 이샤 항빤.

늦어서 비행기를 놓쳤는데 표를 환불할 수 있습니까?

Wǒ méiyǒu gǎn shàng bānjī　　　kěyǐ　tuìpiào ma?
我 没 有 赶 上 班 机, 可 以 退 票 吗？

워 메이요 간샹 빤지, 커이 투이퍄오 마?

수수료를 내야합니까?

Yào fù shǒuxù fèi ma?
要 付 手 续 费 吗？ 야오 푸 셔우쉬 페이 마?

중국민항 사무실이 어디입니까?

Mínháng bàngōngshì zài　nǎr?
民 航 办 公 室 在 哪 儿？ 민항 빤꿍쓰 짜이날?

서북(西北)항공은 어디서 탑승수속을 합니까?

Xīběi hángkōng zài　nǎr　bànlǐ　dēngjī　shǒuxù?
西 北 航 空 在 哪 儿 办 理 登 机 手 续？

시베이 항쿵 짜이날 빤리 떵지 셔우쉬?

부칠 짐이 있나요?

Yǒu méiyǒu yào tuōyùn de?
有 没 有 要 拖 运 的？ 요메이요 야오 투어윈 더?

부칠 짐이 몇 개입니까?

Jǐ jiàn xíngli yào tuōyùn?
几 件 行 李 要 拖 运？ 지지엔 싱리 야오 투어윈?

두 개입니다.
Liǎng jiàn.
两 件。 량지엔.

잘 깨지는 물건입니다.
Zhè shì róngyì sǔnhuài de.
这 是 容 易 损 坏 的。 쩌쓰 롱이 순화이 더.

어느 게이트로 탑승합니까?
Cóng jǐ hào dēngjīkǒu shàng fēijī?
从 几 号 登 机 口 上 飞 机？
총 지하오 떵지코우 샹 페이지?

7번 게이트가 어느 쪽입니까?
Qī hào dēngjīkǒu zài nǎr?
七 号 登 机 口 在 哪 儿？ 치하오 떵지코우 짜이날?

정시에 도착합니까?
Zhǔnshí dàodá ma?
准 时 到 达 吗？ 준스 따오다 마?

얼마나 연착합니까?
Yánwù duōcháng shíjiān?
延 误 多 长 时 间？ 옌우 뚸창 스지엔?

15. 길 묻기

여기가 어디 입니까?

Qǐngwèn,　zhèr　shì shénme　dìfang?
请 问,　这 儿 是 什 么 地 方 ?
칭원, 쩔쓰 션머 띠팡?

저는 길을 잃었습니다.

Wǒ　mílù　le.
我 迷 路 了。　워 미룰러.

한국대사관이 어디 있는지 아십니까?

Nín zhīdao Hánguó　dàshǐguǎn zài　nǎr　ma?
您 知 道 韩 国 大 使 馆 在 哪 儿 吗 ?
닌 즈다오 한궈 따스관 짜이날 마?

국제호텔이 어디 있는지 아십니까?

Nín zhīdao　guójì　fàndiàn zài　nǎr　ma?
您 知 道 国 际 饭 店 在 哪 儿 吗 ?
닌 즈다오 궈지 판띠엔 짜이날 마?

위위엔(豫園)에 가려면 어떻게 갑니까?

Qǐngwèn,　Yù yuán zěnme zǒu?
请 问,　豫 园 怎 么 走 ? 칭원, 위위엔 쩌머 쩌우?

기차역은 어디에 있습니까?

Qǐngwèn, huǒchēzhàn zài nǎr?

请 问, 火 车 站 在 哪 儿? 칭원, 훠처짠 짜이날?

여기에서 멉니까?

Lí zhèr yuǎn ma?

离 这 儿 远 吗? 리쩔 위엔 마?

그다지 멀지 않습니다.

Bútài yuǎn.

不 太 远。 부타이 위엔.

아주 가깝습니다.

Hěn jìn.

很 近。 헌찐.

걸어서 갈 수 있습니까?

Kěyǐ zǒu de dào ma?

可 以 走 得 到 吗? 커이 쩌우더 따오 마?

차를 타고 가야 합니까?

Yào zuò chē qù ma?

要 坐 车 去 吗? 야오 쭈어처 취마?

얼마나 걸어가야 합니까?

Yào zǒu duōcháng shíjiān?

要 走 多 长 时 间? 야오 쩌우 뚸창 스지엔?

금방입니다.

Mǎshàng jiù dào.
马 上 就 到。 마샹 지우 따오.

이 길을 따라서 쭉 가시면 됩니다.

Yánzhe zhè tiáo lù yìzhí zǒu.
沿 着 这 条 路 一 直 走。 옌저 쩌 티아오 루 이즈 쩌우.

좀 데려다 주실 수 있습니까?

Nín kěyǐ dài wǒ qù ma?
您 可 以 带 我 去 吗? 닌 커이 따이 워 취마?

저를 따라오세요.

Nǐ gēn wǒ lái.
你 跟 我 来。 니 껀워 라이.

써주시겠습니까?

Qǐng nín xiě yí xià.
请 您 写 一 下。 칭닌 씨에 이샤.

지도로 다시 설명해주세요.

Qǐng yòng dìtú zài shuōmíng yí biàn, hǎo ma?
请 用 地 图 再 说 明 一 遍, 好 吗?
칭융 띠투 짜이 슈어밍 이비엔, 하오마?

호텔에서

16. 체크 인 하기

예약하셨습니까?
Nín yù dìng le ma?
您 预 订 了 吗 ? 닌 위띵러 마?

예약하지 않았습니다.
Méiyǒu yù dìng.
没 有 预 订。 메이요 위띵.

객실을 예약했습니다.
Wǒ yù dìng le kèfáng.
我 预 订 了 客 房。 워 위띵러 커팡.

제 영문 이름은 △△△입니다.
Wǒ de yīngwén míngzì shì △△△.
我 的 英 文 名 字 是 △ △ △。 워더 잉원 밍쯔 쓰 △△△.

빈 방 있습니까?
Qǐngwèn, yǒu kōng fángjiān ma?
请 问, 有 空 房 间 吗 ? 칭원, 여우 콩 팡지엔 마?

어떤 방을 원하십니까?
Nín yào shénmeyàng de fángjiān?
您 要 什 么 样 的 房 间? 닌야오 션머양 더 팡지엔?

욕실이 딸린 방을 원합니다.
Wǒ yào yǒu yù shì de fángjiān.
我 要 有 浴 室 的 房 间。 워야오 여우 위쓰 더 팡지엔.

일인실을 원하십니까, 이인실을 원하십니까?
Nín yào dānrénfáng háishì shuāngrénfáng?
您 要 单 人 房 还 是 双 人 房?
닌야오 딴렌팡 하이쓰 슈앙렌팡?

일반실을 원하십니까, 디럭스룸을 원하십니까?
Nín yào biāozhǔnfáng háishì háohuáfáng?
您 要 标 准 房 还 是 豪 华 房?
닌야오 빠오준팡 하이쓰 하오화팡?

지금은 없습니다. 모두 꽉 찼습니다.
Xiànzài méiyǒu, dōu kè mǎn le,
现 在 没 有, 都 客 满 了。 시엔짜이 메이요, 떠우 커만러.

하루 묵는데 얼마입니까?
Zhù yì tiān duōshao qián?
住 一 天 多 少 钱? 쭈 이티엔 뛰샤오 치엔?

400위엔입니다. 며칠 묵으실 예정입니까?

Sì bǎi kuài qián. Nín zhù jǐ tiān?

四 百 块 钱。 您 住 几 天？

쓰바이 콰이치엔. 닌쭈 지티엔?

너무 비싸군요. 할인은 안됩니까?

Tài guì le, yǒu méiyǒu dǎzhé?

太 贵 了， 有 没 有 打 折？

타이꾸일러, 요메이요 다저?

지금은 비성수기인데 좀 더 싸게 해주십시오.

Xiànzài shì dànjì, piányidiǎnr ba.

现 在 是 淡 季， 便 宜 点 儿 吧。

시엔짜이 쓰 딴지, 피엔이 디알바.

장기투숙하면 할인이 됩니까?

Chángqī zhù sù de huà kěyǐ dǎzhé ma?

长 期 住 宿 的 话 可 以 打 折 吗？

창치 쭈수 더화 커이 다저마?

좀 더 싼 방은 없습니까?

Yǒu gèng piányi de fángjiān ma?

有 更 便 宜 的 房 间 吗？ 여우 껑 피엔이 더 팡지엔 마?

세금과 서비스료가 포함된 것입니까?

Bāokuò shuìjīn hé fúwù fèi zài nèi ma?

包 括 税 金 和 服 务 费 在 内 吗？

빠오쿼 슈이진 허 푸우페이 짜이네이 마?

포함되지 않습니다.
Bù bāokuò.
不 包 括。 뿌 빠오쿼.

아침식사는 포함됩니다.
Bāokuò zǎocān zài nèi.
包 括 早 餐 在 内。 빠오쿼 자오찬 짜이네이.

먼저 방을 볼 수 있을까요?
Kěyǐ xiān kàn fángjiān ma?
可 以 先 看 房 间 吗? 커이 시엔칸 팡지엔 마?

남향 객실은 없습니까?
Yǒu méiyǒu cháo nán de kèfáng?
有 没 有 朝 南 的 客 房? 요메이요 차오난 더 커팡?

바다를 향한 객실에 묵고 싶습니다.
Wǒ xiǎng zhù cháo hǎi de fángjiān.
我 想 住 朝 海 的 房 间。 워샹 쭈 차오하이 더 팡지엔.

발코니에 묵고 싶은데요.
Wǒ xiǎng zhù yǒu yángtái de fángjiān.
我 想 住 有 阳 台 的 房 间。
워샹 쭈 여우 양타이 더 팡지엔.

객실에 전화는 있습니까?
Kèfánglǐ yǒu diànhuà ma?
客 房 里 有 电 话 吗? 커팡리 여우 띠엔화 마?

객실에 에어콘 있습니까?

Kèfánglǐ   yǒu kōngtiáo ma?

客 房 里 有 空 调 吗？ 커팡리 여우 콩티아오 마?

객실에 TV는 있습니까?

Kèfánglǐ   yǒu diànshì ma?

客 房 里 有 电 视 吗？ 커팡리 여우 띠엔쓰 마?

온수는 하루 종일 나옵니까?

Zhěngtiān dōu yǒu rèshuǐ   ma?

整 天 都 有 热 水 吗？ 정티엔 떠우 여우 러슈이 마?

이 카드를 작성해주시겠습니까?

Qǐng nín tián yí xià zhè ge   biǎogé.

请 您 填 一 下 这 个 表 格。

칭닌 티엔 이샤 쩌거 비아오거.

체크 아웃은 몇 시입니까?

jǐ   diǎn tuìfáng?

几 点 退 房？ 지디엔 투이팡?

보증금을 내야 합니까?

Yào yājīn ma?

要 押 金 吗？ 야오 야진마?

하루 더 묵고 싶은데요, 가능합니까?

Wǒ xiǎng duō zhù yì tiān,   xíng ma?

我 想 多 住 一 天， 行 吗？ 워샹 뚸 쭈 이티엔, 싱마?

17. 호텔 서비스 이용하기

내일 아침 7시에 모닝콜 부탁합니다.

míngtiān zǎoshàng qī diǎn zhōng, qǐng gěi wǒ jiàoxǐng diànhuà.

明 天 早 上 七 点 钟，请 给 我 叫 醒 电 话。

밍티엔 자오샹 치디엔쭝, 칭 게이워 쨔오싱 띠엔화.

내일 아침 식사를 방으로 가져다 주세요.

míngtiān zǎoshàng bǎ zǎocān sòng dào wǒ de fángjiān,

明 天 早 上 把 早 餐 送 到 我 的 房 间，

hǎo ma?

好 吗？ 밍티엔 자오샹 바 자오찬 쏭따오 워더 팡지엔, 하오마?

아침 식사를 주문하려고 합니다.

Wǒ yào dìng zǎocān.

我 要 订 早 餐。 워샹 띵 자오찬.

무엇을 드시겠습니까?

Nín yào chī shénme?

您 要 吃 什 么？ 닌야오 스션미?

양식으로 1인분 부탁합니다.

Xīcān yì rén fèn.

西 餐 一 人 份。 시찬 이렌펀.

샌드위치와 커피 부탁합니다.

Gěi wǒ sānmíngzhì hé yì bēi kāfēi.

给 我 三 明 治 和 一 杯 咖 啡。

게이워 싼밍즈 허 이뻬이 카페이.

뜨거운 물을 가져다 주세요.

Qǐng bǎ kāishuǐ sòng lái.

请 把 开 水 送 来。 칭 바 카이슈이 쏭라이.

담요 한 장 더 가져다 주세요.

Qǐng zài gěi wǒ yì zhāng máotǎn.

请 再 给 我 一 张 毛 毯。 칭 짜이 게이워 이짱 마오탄.

수건 한 장 더 가져다 주세요.

Zài gěi wǒ yì zhāng máojīn.

再 给 我 一 张 毛 巾 。 짜이 게이워 이짱 마오진.

온수는 몇 시에 나옵니까?

jǐ diǎn zhōng yǒu rèshuǐ?

几 点 钟 有 热 水 ? 지디엔 쭝 여우 러슈이?

헤어 드라이기를 가져다 주세요.

Qǐng bǎ chuīfēngjī sòng lái.

请 把 吹 风 机 送 来。 칭 바 추이펑지 쏭라이.

옷을 세탁하고 싶은데 언제까지 됩니까?

Wǒ xiǎng xǐ yīfú, shénmeshíhòu néng xǐ hǎo?

我 想 洗 衣 服, 什 么 时 候 能 洗 好 ?

워샹 시이푸, 셔머 스훌 넝 시하오?

이 옷을 드라이클리닝 해 주세요.

Qǐng bǎ zhè jiàn yīfu gānxǐ yí xià.

请 把 这 件 衣 服 干 洗 一 下。

칭 바 쩌지엔 이푸 깐시 이샤.

이 옷을 다림질 해 주세요.

Qǐng bǎ zhè jiàn yīfu tàng yí xià.

请 把 这 件 衣 服 烫 一 下。 칭 바 쩌지엔 이푸 탕이샤.

조식은 몇 시까지 인가요?

Zǎocān kāi dào jǐ diǎn zhōng?

早 餐 开 到 几 点 钟 ? 자오찬 카이따오 지디엔 쭝?

조식은 어디에서 합니까?

Zǎocān zài shénme dìfang ne?

早 餐 在 什 么 地 方 呢 ? 자오찬 짜이 셔머 띠팡 너?

저녁은 몇 시에 시작합니까?

Wǎncān jǐ diǎn kāishǐ ne?

晚 餐 几 点 开 始 呢 ? 완찬 지디엔 카이스 너?

비즈니스 센터는 어디에 있습니까?

Shāngwù zhōngxīn zài nǎr?

商 务 中 心 在 哪 儿? 샹우 쭝신 짜이날?

인터넷을 이용할 수 있습니까?

Kěyǐ shàngwǎng ma?

可 以 上 网 吗? 커이 샹왕 마?

이 편지를 부쳐 주시겠어요?

Bǎ zhè fēng xìn jì chūqù, hǎo ma?

把 这 封 信 寄 出 去, 好 吗? 바 쩌펑신 지 추취, 하오마?

1일 시내 관광 투어가 있습니까?

Yǒu méiyǒu yì tiān de shìqū zhōuyóu?

有 没 有 一 天 的 市 区 周 游?

요메이요 이티엔 더 쓰취 쩌우여우?

기차표를 예매하고 싶은데요.

Wǒ xiǎng dìnggòu huǒchē piào.

我 想 订 购 火 车 票。 워샹 띵꺼우 훠처퍄오.

택시를 한 대 불러 주세요.

Qǐng jiào yí liàng chūzūchē.

请 叫 一 辆 出 租 车。 칭 쨔오 이량 추쭈처.

공항버스는 어디에서 탑니까?

Mínháng bānchē zài nǎr shàng?
民 航 班 车 在 哪 儿 上 ? 민항 빤처 짜이날 상?

공항버스는 몇 시에 있습니까?

jǐ diǎn yǒu mínháng bānchē?
几 点 有 民 航 班 车 ? 지디엔 여우 민항 빤처?

관광버스표를 살 수 있을까요?

Kěyǐ mǎi lǚyóuchē piào ma?
可 以 买 旅 游 车 票 吗 ? 커이 마이 뤼여우 처퍄오 마?

호텔 내 스포츠 센터는 무료입니까?

Fàndiànlǐ de jiànshēnfáng shì miǎnfèi de ma?
饭 店 里 的 健 身 房 是 免 费 的 吗 ?
판띠엔리 더 지엔션팡 쓰 미엔페이 더 마?

호텔 미용실은 어디 있습니까?

Fàndiàn de měiróngyuàn zài nǎr?
饭 店 的 美 容 院 在 哪 儿 ?
판띠엔 더 메이롱 위엔 짜이날?

식당을 추천해 주시겠습니까?

Tuījiàn yí xià cāntīng, hǎo ma?
推 荐 一 下 餐 厅 , 好 吗 ?
투이지엔 이샤 찬팅, 하오마?

식당을 예약해 주십시오.

Qǐng bāng wǒ dìng yí xià cāntīng.

请 帮 我 订 一 下 餐 厅。 칭 빵워 띵이샤 찬팅.

보관함을 이용하고 싶습니다.

Wǒ xiǎng yòng bǎoxiǎnxiāng.

我 想 用 保 险 箱。 워샹 융 바오시엔 샹.

18. 호텔에서 문제가 생겼을 때

열쇠를 방안에 두고 그냥 나왔습니다.

Wǒ bǎ yàoshí wàng zài fángjiānlǐ le.

我 把 钥 匙 忘 在 房 间 里 了。

워 바 야오스 왕짜이 팡지엔리 러

방문을 좀 열어 주세요.

Qǐng bāng wǒ dǎkāi, hǎo ma?

请 帮 我 打 开, 好 吗? 칭 빵워 다카이, 하오마?

창문이 안 열립니다.

Chuānghu dǎ bu kāi.

窗 户 打 不 开。 추앙후 다부카이.

TV가 고장난 것 같습니다.

Diànshìjī huài le.

电 视 机 坏 了。 띠엔쓰지 화일러.

히터가 고장난 것 같습니다.

Nuǎnqì huài le.

暖 气 坏 了。 누안치 화일러.

에어컨에 문제가 있는 것 같습니다.

Kōngtiáo yǒu máobìng.

空 调 有 毛 病。 콩티아오 여우 마오삥.

에어컨을 켤 수가 없습니다.

Kōngtiáo dǎ bu kāi.
空调打不开。 콩티아오 다부카이.

방안이 너무 춥습니다.

Fángjiānlǐ tài lěng le.
房间里太冷了。 팡지엔 타이 렁러.

온수가 안나옵니다.

Méiyǒu rèshuǐ.
没有热水。 메이요 러슈이.

수도꼭지가 고장났습니다.

Shuǐlóngtóu huài le.
水龙头坏了。 슈이롱터우 화일러.

방안이 너무 어둡습니다.

Fángjiānlǐ tài àn le.
房间里太暗了。 팡지엔 타이안러.

전등이 안 들어옵니다.

Diàndēng bú liàng.
电登不亮。 띠엔떵 부량.

깨끗한 수건이 없습니다.

Méiyǒu gānjìng de máojīn.
没有干净的毛巾。 메이요 깐징 더 마오진.

휴지가 떨어졌습니다.
Wèishēngzhǐ méiyǒu le.
卫生纸没有了。 웨이셩즈 메이욜러.

변기가 막혔습니다.
Mǎtǒng dǔ zhù le.
马桶堵住了。 마통 두쭐러.

와서 좀 봐주세요.
Nín lái kàn yí xià.
您来看一下。 닌라이 칸이샤.

사용방법을 잘 모르겠습니다.
Wǒ bú tài qīngchu zěnme yòng.
我不太清楚怎么用。 워 부타이 칭추 쩐머 융.

사진기를 호텔에 두고 왔습니다.
Wǒ bǎ zhàoxiàngjī wàng zài fàndiàn lǐ le.
我把照相机忘在饭店里了。
워 바 짜오샹지 왕짜이 판띠엔 릴러.

잘 보관해 주십시오.
Bāng wǒ bǎoguǎn yí xià, hao ma?
帮我保管一下, 好吗? 빵워 바오관 이샤, 하오마?

내일 아침에 찾으러 가겠습니다.
Wǒ míngtiān zǎoshàng qù ná.
我明天早上去拿。 워 밍티엔 자오샹 취 나.

19. 체크아웃 하기

오늘 체크아웃하려고 합니다.

Wǒ xiǎng jīntiān tuì fáng.

我 想 今 天 退 房。 워상 진티엔 투이당.

계산서를 제 방으로 보내 주세요.

Qǐng bǎ zhàngdān sòng dào wǒ de fángjiān lái.

请 把 帐 单 送 到 我 的 房 间 来。

칭 바 짱딴 쏭따오 워더 팡지엔 라이.

손님, 몇 호실이십니까?

Xiānsheng, Nín shì jǐ hào fángjian?

先 生, 您 是 几 号 房 间 ?

씨엔셩, 닌쓰 지하오 팡지엔?

502호실입니다.

Wǔ líng èr hào.

五 零 二 号。 우링얼 하오.

현금으로 하시겠습니까, 신용카드로 하시겠습니까?

Nín yòng xiànjīn háishì xìnyòngkǎ?

您 用 现 金 还 是 信 用 卡 ?

닌 융 시엔진 하이쓰 신융카?

현금으로 하겠습니다.
Xiànjīn.
现 金。 시엔진.

신용카드로 지불할 수 있습니까?
Wǒ néng yòng xìnyòngkǎ zhīfù ma?
我 能 用 信 用 卡 支 付 吗？ 워 넝 융 신용카 즈푸 마?

어떤 신용카드를 가지고 계십니까?
Nín shì shénme kǎ?
您 是 什 么 卡？ 닌쓰 션머카?

달러로 계산해도 됩니까?
 Kěyǐ yòng měiyuán fù ma?
可 以 用 美 元 付 吗？ 커이 융 메이위엔 푸 마?

이것은 무슨 비용입니까?
Zhè shì shénme fèiyòng?
这 是 什 么 费 用？ 쩌쓰 션머 페이융?

계산이 잘못 된 것 같군요.
Nǐmen hǎoxiàng suàn cuò le.
你 们 好 像 算 错 了。 니먼 하오샹 쑤안 추얼러.

저는 미니바를 사용한 적이 없습니다.
Wǒ méiyǒu yòng guò xiǎo bīngxiāng.
我 没 有 用 过 小 冰 箱。 워 메이요 융꿔 샤오삥샹.

저는 시외전화를 사용한 적이 없습니다.

Wǒ méi dǎ guò chángtú diànhuà.

我 没 打 过 长 途 电 话。　워 메이 다꿔 창투 띠엔화.

제 짐을 좀 보관해 주시겠습니까?

Qǐng bǎ wǒ de xíngli bǎoguǎn yí xià.

请 把 我 的 行 李 保 管 一 下。

칭 바 워더 싱리 바오관 이샤.

2시간 정도 늦게 체크아웃해도 될까요?

Wǎn liǎng ge xiǎoshi tuì fáng, Kěyǐ ma?

晚 两 个 小 时 退 房, 可 以 吗?

완 량거 샤오스 투이팡, 커이마?

20. 식당찾기

배가 고픈데 식사하러 갑시다.
Wǒ dù zi è le, wǒmen qù chī fàn ba.
我 肚 子 饿 了， 我 们 去 吃 饭 吧。
워 뚜즈 얼러, 워먼 취 츠판 바.

이 근처에 좋은 식당이 있습니까?
Zhè fù jìn yǒu méiyǒu hǎo diǎnr de cāntīng?
这 附 近 有 没 有 好 点 儿 的 餐 厅 ?
쩌푸진 요메이요 하오디알 더 찬팅?

이 근처에 한국 식당이 있습니까?
Zhè fù jìn yǒu méiyǒu Hánguó cāntīng?
这 附 近 有 没 有 韩 国 餐 厅 ?
쩌푸진 요메이요 한궈 찬팅?

근처에 맥도널드 있습니까?
Zhè fù jìn yǒu méiyǒu Màidānglǎo?
这 附 近 有 没 有 麦 当 劳 ? 쩌푸진 요메이요 마이땅라오?

산해진미

근처에 패스트푸드점 있습니까?

这 附 近 有 没 有 快 餐 店 ?

쩌푸진 요메이요 콰이찬 띠엔?

좋은 식당을 좀 소개해 주세요.

Qǐng nín jièshao yí xià hǎo yì diǎnr de cāntīng.

请 您 介 绍 一 下 好 一 点 儿 的 餐 厅。

칭닌 지에샤오 이샤 하오 이디알 더 찬팅.

좀 괜찮은 쓰촨요리 식당을 소개해 주세요.

Qǐng nín jièshao yí xià hǎo yì diǎnr de chuāncài diàn.

请 您 介 绍 一 下 好 一 点 儿 的 川 菜 店。

칭닌 지에샤오 이샤 하오 이디알 더 추안차이 띠엔.

자리를 예약하고 싶습니다.

Wǒ xiǎng dìng zuòwèi.

我 想 订 座 位。 워샹 띵 쭤웨이.

몇 분이십니까?

Nǐmen jǐ wèi?

你 们 几 位 ? 니먼 지웨이?

산해진미

21. 음식점 입구에서

어서 오세요, 몇 분이십니까?
Huānyíng guānglín,　Nǐmen　jǐ　wèi?
欢 迎 光 临,　你 们 几 位？ 환잉 꽝린, 니먼 지웨이?

세 명입니다.
Sān wèi.
三 位。 싼웨이.

혼자입니다.
yí　ge　rén.
一 个 人。 이거렌.

잠시만 기다려 주세요.
Qǐng shāo děng.
请 稍 等。 칭 샤오 덩.

예약하셨습니까?
Nín yù dìng le ma?
您 预 订 了 吗？ 닌 위띵러 마?

어제 예약했습니다.
Zuótiān yù dìng le.
昨 天 预 订 了。 쭈어티엔 위띵러.

저를 따라서 오십시오.

Qǐng gēn wǒ lái.

请 跟 我 来。 칭 껀워 라이.

룸 있습니까?

Yǒu fángjiān ma?

有 房 间 吗? 여우 팡지엔 마?

창가 쪽 자리 있습니까?

Yǒu kào chuāng de zuòwèi ma?

有 靠 窗 的 座 位 吗? 여우 카오 추앙 더 쭤웨이 마?

이쪽으로 앉으세요.

Qǐng zhè biānr zuò.

请 这 边 儿 坐。 칭 쩌비알 쭤.

좀 더 큰 탁자는 없나요?

Yǒu méiyǒu dà yì diǎnr de cānzhuō?

有 没 有 大 一 点 儿 的 餐 桌? 요메이요 따 이디알 더 찬쭈어?

뭘로 주문하시겠습니까?

Nín yào diǎn shénme?

您 要 点 什 么 ? 닌야오 디엔 션머?

먼저 메뉴판을 봅시다.

Xiān kàn kan càidān zài shuō ba.

先 看 看 菜 单 再 说 吧。 시엔 칸칸 차이딴 짜이 슈어 바.

여기 메뉴판입니다.

Zhè shì cài dān.

这 是 菜 单。 쩌쓰 차이딴.

영어로 된 메뉴판 있습니까?

Yǒu méiyǒu Yīngwén càidān?

有 没 有 英 文 菜 单 ? 요메이요 잉원 차이딴?

천천히 주문하십시오.

Qǐng mànmānr diǎn

请 慢 慢 儿 点。 칭 만말 디엔.

저는 중국 요리를 잘 모릅니다.

Wǒ bù dǒng Zhōngguó cài.

我 不 懂 中 国 菜。 워 뿌동 쭝궈 차이.

여기서 잘 하는 요리를 좀 소개해 주세요.

Qǐng jièshao yí xià zhèr de náshǒu cài.

请 介 绍 一 下 这 儿 的 拿 手 菜。

칭 지에샤오 이샤 쩔 더 나쇼우 차이.

좀 추천해 주시겠어요?

Nín tuījiàn yí xià, hǎo ma?

您 推 荐 一 下， 好 吗 ? 닌 투이지엔 이샤, 하오마?

제 대신 주문해 주시겠습니까?

Nín bāng wǒ diǎn yí xià, hǎo ma?

您 帮 我 点 一 下, 好 吗 ? 닌 빵워 디엔 이샤, 하오마?

간단하게 먹고 싶습니다.

Wǒ xiǎng chī jiǎndān yì diǎnr de.

我 想 吃 简 单 一 点 儿 的。 워샹 츠 지엔딴 이디알 더.

샹차이(香菜)는 넣지 마세요.

Bú yào fàng xiāngcài.

不 要 放 香 菜。 부야오 팡 샹차이.

전채요리로 뭐가 있습니까?

Nǐmen yǒu shénme lěngcài?

你 们 有 什 么 冷 菜 ? 니먼 요션머 렁차이?

야채는 뭐가 있나요?
Nǐmen yǒu shénme shūcài?
你 们 有 什 么 蔬 菜? 니먼 요션머 슈차이?

김치 없습니까?
Yǒu méiyǒu pàocài?
有 没 有 泡 菜? 요메이요 파오차이?

탕은 뭐가 있습니까?
Yǒu shénme tāng?
有 什 么 汤? 요션머 탕?

죽은 어떤 종류가 있습니까?
Yǒu shénme zhōu?
有 什 么 粥? 요션머 쩌우?

피딴셔우러우(皮蛋瘦肉) 죽으로 주세요.
Wǒ yào pídànshòuròu.
我 要 皮 蛋 瘦 肉。 워야오 피딴 셔우러우.

이것은 어떻게 만든 것입니까?
Zhè shì zěnme zuò de?
这 是 怎 么 做 的? 쩌쓰 쩐머 쭈어 더?

이것은 무슨 고기로 만든 것입니까?
Zhè shì yòng shénme ròu zuò de?
这 是 用 什 么 肉 做 的? 쩌쓰 융 션머 러우 쭈어 더?

저는 돼지고기는 안 먹습니다.

Wǒ bù chī zhūròu.

我 不 吃 猪 肉。 워 뿌 츠 쭈러우.

저는 채식을 합니다.

Wǒ chī sù.

我 吃 素。 워 츠 쑤.

오리구이 있습니까?

Yǒu kǎo yā ma?

有 烤 鸭 吗 ? 여우 카오야 마?

저 사람들이 먹는 것은 어느 요리입니까?

Tāmen chī de shì shénme cài?

他 们 吃 的 是 什 么 菜 ? 타먼 츠더 쓰 션머 차이?

혼자서 먹기에 너무 많지 않습니까?

Yí ge rén chī huì bú huì tài duō?

一 个 人 吃 会 不 会 太 多 ?

이거렌 츠 후이 부후이 타이 뚜어?

모두 일인분씩입니다.

Dōushì yì rén fèn.

都 是 一 人 份。 떠우쓰 이렌펀.

이 요리 드셔 보셨습니까?

Zhè dào cài nín chī guò ma?

这 道 菜 您 吃 过 吗？ 쩌따오 차이 닌 츠 궈 마?

베이징 오리구이 드셔 보셨습니까?

Nín chī guò Běijīng kǎo yā ma?

你 吃 过 北 京 烤 鸭 吗？ 닌 츠궈 베이징 카오야 마?

아직 못 먹어봤습니다.

Hái méi chī guò.

还 没 吃 过。 하이 메이 츠 궈.

그건 어떻게 먹습니까?

Nà ge zěnme chī?

那 个 怎 么 吃？ 나거 쩐머 츠?

주식은 뭘로 하시겠습니까?

Yào shénme zhǔshí?

要 什 么 主 食？ 야오 셔머 주스?

밥, 국수, 만두 다 있습니다.

Mǐfàn, miàntiáo, jiǎozi dōu yǒu.

米 饭、 面 条、 饺 子 都 有。

미판, 미엔탸오, 쟈오즈 떠우 여워.

밥 한 공기 주세요.

Gěi wǒ yì wǎn mǐfàn.

给 我 一 碗 米 饭。 게이워 이완 미판.

볶음밥 한 공기 주세요.

Gěi wǒ yì wǎn chǎofàn.

给 我 一 碗 炒 饭。 게이워 이완 챠오판.

한 공기 더 주세요.

Zài gěi wǒ yì wǎn.

再 给 我 一 碗。 짜이 게이워 이완.

천천히 드세요.

Qǐng mànmānr chī.

请 慢 慢 儿 吃。 칭 만말 츠.

뜨거울 때 드세요.

Chèn rè chī ba.

趁 热 吃 吧。 천 러 츠 바.

많이 드세요.

Qǐng duō chī diǎnr.

请 多 吃 点 儿。 칭 뚜어 츠디알

이것 한 번 드셔보세요.

Nín cháng chang zhè ge.

您 尝 尝 这 个。 닌 창창 쩌거.

음료는 뭘로 하시겠습니까?

Lái diǎnr shénme yǐnliào?

来点儿什么饮料? 라이 디알 셔머 인랴오?

어떤 음료가 있습니까?

Yǒu shénme yǐnliào?

有什么饮料? 여우 셔머 인랴오?

빠바오(八寶)차로 하겠습니다.

Wǒ hē bābǎo chá.

我喝八宝茶。 워 허 빠바오 차.

우롱(烏龍)차로 하겠습니다.

Wǒ hē wūlóng chá.

我喝乌龙茶。 워 허 우롱차.

생수 한 병 주세요.

Gěi wǒ yì píng kuàngquán shuǐ.

给我一瓶矿泉水。 게이워 이핑 쾅추엔 슈이.

코코넛 쥬스 주세요.

Gěi wǒ yēzi zhī.

给我椰子汁。 게이워 예즈 즈

콜라 한 잔 주세요.
Gěi wǒ kělè.
给 我 可 乐。 게이워 컬러.

차가운 걸로 하시겠습니까, 뜨거운 걸로 하시겠습니까?
Nín yào rè de háishì bīng de?
您 要 热 的 还 是 冰 的? 닌야오 러더 하이스 삥더?

차가운 걸로 주세요.
Wǒ yào bīng de.
我 要 冰 的。 워야오 삥더.

뜨거운 걸로 주세요.
Wǒ yào rè de.
我 要 热 的。 워야오 러더.

24. 술 마실 때

술은 뭘로 하시겠습니까?

Nín hē shénme jiǔ?

您 喝 什 么 酒 ? 닌 허 션머 지우?

무슨 좋은 술이 있습니까?

Nǐmen yǒu shénme hǎo jiǔ?

你 们 有 什 么 好 酒 ? 니먼 여우 션머 하오지우?

우량예(五糧液) 한 병 주세요.

Lái yì píng wǔliángyè.

来 一 瓶 五 粮 叶。 라이 이핑 우량예.

마오타이 주 한 병 주세요.

Lái yì píng máotái jiǔ.

来 一 瓶 茅 台 酒。 라이 이핑 마오타이 지우.

맥주 두 병 주세요.

Gěi wǒ liǎng píng píjiǔ.

给 我 两 瓶 啤 酒。 게이워 량핑 피지우.

어느 맥주를 좋아하십니까?

Nín xǐhuan shénme páizi de píjiǔ?

您 喜 欢 什 么 牌 子 的 啤 酒 ?

닌 시환 션머 파이즈 더 피지우?

칭따오 맥주 한 병 주세요.
Gěi wǒ yì píng Qīngdǎo píjiǔ.
给 我 一 瓶 青 岛 啤 酒。　게이워 이핑 칭따오 피지우.

안주는 뭐가 있습니까?
Nǐmen yǒu shénme jiǔcài?
你 们 有 什 么 酒 菜？　니먼 여우 션머 지우차이?

과일 샐러드 하나 주세요.
Gěi wǒ yì pán shuǐguǒ shālā.
给 我 一 盘 水 果 莎 拉。　게이워 이판 슈이궈 샤라.

건배!
Gǎnbēi!
干 杯！　깐뻬이.

드실 만큼 드십시오.
Suíyì.
随 意。　수이이.

저는 술을 잘 못마십니다.
Wǒ bú tài huì hē jiǔ.
我 不 太 会 喝 酒。　워 부타이 후이 허지우.

주량이 약합니다.
Wǒ de jiǔliàng bú dà.
我 的 酒 量 不 大。　워더 지우량 부따.

주량이 대단하시군요.

Nín de jiǔliàng shì hǎiliàng a!
您 的 酒 量 是 海 量 啊!　닌더 지우량 쓰 하이량 아!

좀 더 드십시오.

Qǐng duō hē diǎnr.
请 多 喝 点 儿。 칭 뛰 허 디알.

더 이상 못 마시겠습니다.

Wǒ bù néng zài hē le.
我 不 能 再 喝 了。 워 뿌넝 짜이 헐러.

제가 한 잔 올리겠습니다.

Wǒ jìng nǐ yì bēi.
我 敬 你 一 杯。 워 찡 니 이 뻬이.

취하지 않게 조심하세요.

Xiǎoxīn bié hē zuì le.
小 心 别 喝 醉 了。 샤오신 비에 허 쭈일러.

한 병 더 할까요?

Yào bú yào zài lái yì píng?
要 不 要 再 来 一 瓶? 야오 부야오 짜이라이 이핑?

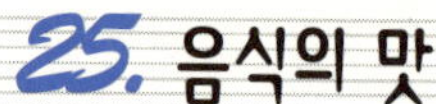# 25. 음식의 맛

맛이 어떻습니까?

Wèidào zěnme yàng?
味 道 怎 么 样 ?　웨이따오 쩐머양?

입맛에 맞는지 모르겠습니다.

Bù zhīdao hé bù hé nín de kǒuwèi?
不 知 道 合 不 合 您 的 口 味 ?
뿌즈다오 허부허 닌더 커우웨이?

이곳 음식은 정말 맛있군요.

zhèr de cài hěn hǎo chī.
这 儿 的 菜 很 好 吃。　쩔더 차이 헌 하오츠.

맛이 꽤 괜찮군요.

Wèidào hěn bú cuò.
味 道 很 不 错。　웨이따오 헌 부춰.

그런대로 괜찮군요.

Wèidào hái kěyǐ.
味 道 还 可 以。　웨이따이 하이커이.

이 요리는 너무 느끼하지 않습니까?

Zhè dào cài shì bú shì tài yóunì?

这 道 菜 是 不 是 太 油 腻 ？

쩌 따오 차이 쓰부쓰 타이 요우니?

이 요리는 너무 맵지 않습니까?

Zhè dào cài shì bú shì tài là?

这 道 菜 是 不 是 太 辣 ？ 쩌 따오 차이 쓰부쓰 타이 라?

저는 한국사람인걸요, 당연히 매운 것도 먹을 수 있습니다.

Wǒ shì Hángúo rén, dāngrán huì chī là de.

我 是 韩 国 人， 当 然 会 吃 辣 的。

워스 한궈렌, 땅란 후이 츠 라더.

저는 느끼한 맛을 좋아하지 않아요.

Wǒ bù xǐhuan yóunì de.

我 不 喜 欢 油 腻 的。 워 뿌 시환 요우니 더.

저는 너무 짠 음식을 싫어합니다.

Wǒ bù xǐhuan tài xián de.

我 不 喜 欢 太 咸 的。 워 뿌 시환 타이 시엔 더.

저는 매운 음식을 좋아합니다.

Wǒ xǐhuan chī là de.

我 喜 欢 吃 辣 的。 워 시환 츠 라더.

조금도 느끼하지 않습니다.

Yì diǎnr dōu bù yóunì.

一 点 儿 都 不 油 腻。 이디알 떠우 뿌 요우니.

조미료를 넣지 말아주세요.

Bié fàng wèijīng.

别 放 味 精。 비에 팡 웨이징.

조금 달군요.

Yǒu diǎnr tián.

有 点 儿 甜。 여우디알 티엔.

설탕을 많이 넣지 마세요.

Táng bié fàng tài duō le.

糖 别 放 太 多 了。 탕 비에 팡 타이 뚜얼러.

냅킨 좀 가져다 주세요.

Qǐng gěi wǒ cānjīn zhǐ, hǎo ma?
请 给 我 餐 巾 纸, 好 吗？ 칭 게이워 찬진즈, 하오마?

물수건 좀 가져다 주세요.

Gěi wǒ shī jīn zhǐ, hǎo ma?
给 我 湿 巾 纸, 好 吗？ 게이워 스진즈, 하오마?

재떨이 주세요.

Gěi wǒ yānhuī gǎng.
给 我 烟 灰 缸。 게이워 옌후이강.

새 젓가락을 가져다 주세요.

Gěi wǒ xīn de kuàizi.
给 我 新 的 筷 子。 게이워 신더 콰이즈.

다른 컵으로 바꿔주세요.

Huàn yí xià bēizi.
换 一 下 杯 子。 환이샤 뻬이즈.

이 접시가 좀 더럽군요.

Zhè ge diézi yǒu diǎnr zāng.
这 个 碟 子 有 点 儿 脏。 쩌거 디에즈 여우디알 짱.

테이블이 좀 더럽군요.

Zhè zhāng zhuōzi yǒu diǎnr zāng.
这 张 桌 子 有 点 儿 脏。 쩌짱 쭤즈 여우디알 짱.

테이블을 좀 닦아 주세요.

Qǐng cā yí xià cānzhuō.
请 擦 一 下 餐 桌。 칭 차이샤 찬쭤.

우리가 주문한 요리가 아직 안 왔어요.

Wǒmen diǎn de cài hái méi shàng ne.
我 们 点 的 菜 还 没 上 呢。
워먼 디엔더 차이 하이메이 샹 너.

얼마나 더 기다려야 합니까?

Hái yào děng duōcháng shíjiān?
还 要 等 多 长 时 间? 하이야오 덩 뚸창 스지엔?

좀 빨리 해주시겠어요?

Qǐng kuài diǎnr, xíng ma?
请 快 点 儿, 行 吗? 칭 콰이디알, 싱마?

이것은 우리가 주문한 게 아닌데요.

Zhè dào cài bú shì wǒmen diǎn de.
这 道 菜 不 是 我 们 点 的。
쩌 따오 차이 부쓰 워먼 디엔 더.

요리가 다 식었는데요.
Cài dōu liáng le.
菜 都 凉 了。 차이 떠우 량러.

다시 좀 데워 주세요.
Zài rè yí xià, hǎo ma?
再 热 一 下, 好 吗? 짜이 러 이샤, 하오마?

치워드릴까요?
Kěyǐ chè le ma?
可 以 撤 了 吧? 커이 철러 마?

치워주세요.
Chè le ba.
撤 了 吧。 철러 바.

싸 주세요.
Dǎ bāo yí xià.
打 包 一 下。 다 빠오 이샤.

계산서 주세요.

Mǎidān!　　　Wǒ yào jiézhàng.

买单! ／ 我 要 结 帐。　마이딴! / 워야오 지에짱.

어디서 계산합니까?

Zài nǎr jiézhàng?

在 哪 儿 结 帐 ?　짜이날 지에짱?

신용카드도 됩니까?

Kěyǐ yòng xìnyòngkǎ ma?

可 以 用 信 用 吗 ?　커이융 신융카 마?

죄송합니다만, 현금만 받고 있습니다.

Duì bu qǐ,　　wǒmen zhǐ shōu xiànjīn.

对 不 起,　我 们 只 收 现 金。

뛔부치, 워먼 즈셔우 시엔진.

봉사료도 포함된 것입니까?

bāokuò fúwù fèi de ma?

包 括 服 务 费 的 吗 ?　빠오쿼 푸우페이 더 마?

저희 식당은 봉사료를 받지 않습니다.

Wǒmen diàn bù shōu fúwù fèi.

我 们 店 不 收 服 务 费。　워먼 띠엔 뿌셔우 푸우페이.

모두 얼마입니까?

Yīgòng duōshao qián?

一共多少钱? 이꿍 뚜샤오 치엔?

모두 86위엔입니다.

Yīgòng bā shí liù kuài.

一共八十六块。 이꿍 빠스 리우 콰이.

거스름돈 14위엔입니다.

Zhǎo nín shí sì kuǎi.

找您十四块。 쟈오닌 스쓰 콰이.

영수증을 주시겠습니까?

Gěi wǒ shōujù?

给我收据? 게이닌 셔우쮜?

오늘은 내가 사겠습니다.

Jīntiān wǒ qǐng kè.

今天我请客。 찐티엔 워 칭커.

안됩니다, 제가 내겠습니다.

Bù xíng, wǒ qǐng kè.

不行, 我请客。 뿌싱, 워 칭커.

더치페이로 합시다.

Wǒmen gè fù gè de ba.

我们各付各的吧。 워먼 꺼푸 꺼더 바.

나눠서 냅시다.
Fēnkāi fù ba.
分 开 付 吧。 펀카이 푸바.

계산이 잘못된 것 같군요.
Nǐmen hǎoxiàng suàn cuò le.
你 们 好 像 算 错 了。 니먼 하오샹 쑤안 추얼러.

햄버거 하나, 콜라 하나 주세요.

Yí ge hànbǎo,　　yì bēi kělè.
一个汉堡、一杯可乐。 이거 한바오, 이뻬이 컬러.

프라이드 치킨 세 조각 주세요.

Sān kuài zhá jī.
三块炸鸡。 싼 콰이 짜지.

1번 세트 하나 주세요.

Yí hào tào cān.
一号套餐。 이하오 타오찬.

저걸로 주세요.

Wǒ yào nà ge.
我要那个。 워 야오 나거.

샌러드 하나 주세요,

Yí ge shālā.
一个莎拉。 이거 샤라.

아이스크림 하나 주세요.

Yí ge bīngqílín.
一个冰淇林。 이거 삥치린.

산해진미

여기서 드시겠습니까, 가져가시겠습니까?
Zài zhèr chī háishì dài zǒu?
在 这 儿 吃 还 是 带 走 ? 짜이쩔 츠 하이쓰 따이쩌우?

가지고 가겠습니다.
Wǒ yào dài zǒu.
我 要 带 走。 워야오 따이쩌우.

여기서 먹겠습니다.
Zài zhèr chī
在 这 儿 吃。 짜이쩔 츠.

포장해 주세요.
Dǎ bāo ba.
打 包 吧。 다빠오 바.

토마토케첩 몇 개 더 주세요.
Duō gěi wǒ jǐ ge fānqiè jiàng, hǎo ma?
多 给 我 几 番 茄 酱, 好 吗 ?
뛰 게이워 지거 판치에쟝, 하오마?

냅킨은 어디에 있습니까?
Cānjīn zhǐ zài nǎr?
餐 巾 纸 在 哪 儿 ? 찬진즈 짜이날?

빨대는 어디에 있습니까?

吸 管 在 哪 儿 ? 시관 짜이날?

2층에 자리 있나요?

二 楼 有 座 位 吗 ? 얼러우 여우 쭤웨이 마?

산해진미

29. 쇼핑하기

이 부근에 백화점이 있나요?
Zhè fù jìn yǒu méiyǒu bǎihuò gōngsī?
这附近有没有百货公司?
쩌푸진 요메이요 바이훠 꽁쓰?

이 부근에 상가가 있나요?
Zhè fù jìn yǒu shāngchǎng ma?
这附近有商场吗? 쩌푸진 여우 샹창 마?

근처에 대형 슈퍼마켓이 있나요?
Zhè fù jìn yǒu chāoshì ma?
这附近有超市吗? 쩌푸진 여우 챠오스 마?

제일 큰 백화점이 어디 있지요?
Zuì dà de bǎihuò gōngsī zài nǎr?
最大的百货公司在哪儿?
쭈이 따더 바이훠 꽁쓰 짜이날?

기념품을 사려면 어디로 가야하나요?

Jìniànpǐn zài nǎr mǎi?

纪念品在哪儿买? 지니엔핀 짜이날 마이?

특산품을 사려면 어디로 가야하나요?

Tèchǎnpǐn zài nǎr mǎi?

特产品在哪儿买? 터찬핀 짜이날 마이?

남성복 코너가 몇 층입니까?

Nánzhuāng shì jǐ lóu?

男装是几楼? 난쭈앙 쓰 지러우?

여성복 코너가 몇 층입니까?

Nǚzhuāng shì jǐ lóu?

女装是几楼? 뉘쭈앙 쓰 지러우?

그냥 둘러보는 겁니다.

Wǒ zhǐshì kàn yi kàn.

我只是看一看。 워 즈쓰 칸이칸.

30. 옷을 살 때

뭐가 필요하십니까?

Nín yào shénme?

您 要 什 么 ? 닌야오 셔머?

이 옷은 어떻습니까?

Zhè jiàn yīfu zěnme yàng?

这 件 衣 服 怎 么 样 ? 쩌지엔 이푸 쩐머양?

이 티셔츠는 얼마인가요?

Zhè jiàn T xù duōshao qián?

这 件 T 恤 多 少 钱 ? 쩌지엔 T쉬 뚸샤오 치엔?

이 외투는 얼마인가요?

Zhè jiàn wàitào duōshao qián?

这 件 外 套 多 少 钱 ? 쩌지엔 와이타오 뚸샤오 치엔?

저 바지를 좀 보여주세요.

Gěi wǒ kàn yí xià nà tiáo kù zi.

给 我 看 一 下 那 条 裤 子。

게이워 칸이샤 나 티아오 쿠즈.

좀 꺼내서 보여주세요.

Qǐngná chū lái gěiwǒ kàn kan, hǎo ma?

请 拿 出 来 给 我 看 看， 好 吗？

칭 나출라이 게이워 칸칸, 하오마?

중국 전통 드레스 있습니까?

Yǒu méiyǒu qípáo?

有 没 有 旗 袍？ 요메이요 치파오?

중국 전통 드레스를 맞추고 싶습니다.

Wǒ yào dìng zuò qípáo.

我 要 订 做 旗 袍。 워야오 띵쭈워 치파오.

옷을 한 벌 맞추고 싶습니다.

Wǒ yào dìng zuò yí jiàn yīfu.

我 要 订 做 一 件 衣 服。 워야오 띵쭈워 이지엔 이푸.

얼마나 걸립니까?

Yào duōcháng shíjiān?

要 多 长 时 间？ 야오 뛰챵 스지엔?

언제까지 완성할 수 있나요?

Shénme shíhòu néng féng hǎo ne?

什 么 时 候 能 缝 好 呢？ 션머 스홀 넝 펑하오 너?

기성복이 있습니까?

Yǒu méiyǒu xiànchéng huò?

有 没 有 现 成 货 ? 요메이요 시엔청훠?

입어봐도 됩니까?

Kěyǐ shì chuān ma?

可 以 试 穿 吗 ? 커이 쓰촨 마?

탈의실이 어디에 있나요?

Gēngyīshì zài nǎr?

更 衣 室 在 哪 儿 ? 껑이쓰 짜이날?

이것은 소재가 무엇입니까?

Zhè shì shénme liàozi?

这 是 什 么 料 子 ? 쩌쓰 셩머 랴오즈?

실크입니까?

Shì sīchóu ma?

是 丝 绸 吗 ? 쓰 쓰쳐우 마?

손세탁 가능합니까?

Kěyǐ shǒu xǐ ma?

可 以 手 洗 吗 ? 커이 셔우시 마?

드라이크리닝 해야 됩니까?

Yào gānxǐ ma?

要 干 洗 吗 ? 야오 깐시 마?

여기가 좀 더럽군요.

Zhèr yǒu diǎnr zāng.

这 儿 有 点 儿 脏。 쩔 요디알 짱.

다른 것은 없나요?

Yǒu méiyǒu bié de.

有 没 有 别 的。 요메이요 비에더.

새 걸로 주세요.

Gěi wǒ xīn de.

给 我 新 的。 게이워 신더.

31. 차 사기

여기 좋은 차 좀 소개해주세요.

给 我 介 绍 一 下 这 儿 的 名 茶。

게이워 지에샤오 이샤 쩔더 밍차.

어떤 종류의 차가 있나요?

你 们 有 什 么 茶 ? 니먼 요션머 차?

화차, 녹차, 우롱차 다 있습니다.

花 茶、 绿 茶、 乌 龙 茶 都 有。

화차, 뤼차, 우롱차 떠우 여우.

어떻게 파십니까?

你 们 怎 么 卖 ? 니먼 쩐머 마이?

이 룽징(龙 井)차는 한 근에 80위엔입니다.

这 个 龙 井 茶 一 斤 八 十 块 。

쩌거 우롱차 이진 빠스 콰이.

마셔볼 수 있나요?
 Kěyǐ   hē he kàn ma?
可 以 喝 喝 看 吗？ 커이 허허칸마?

물론입니다. 여기 있습니다.
Dāngrán kěyǐ,   gěi nín.
当 然 可 以， 给 您。 땅란 커이, 게이닌.

우롱차는 어떤 종류가 있습니까?
Nǐmen yǒu shénme wūlóng?
你 们 有 什 么 乌 龙？ 니먼 요션머 우롱?

제일 좋은 차로 보여 주세요.
Gěi wǒ kàn yí xià zuì hǎo de   cháyè.
给 我 看 一 下 最 好 的 茶 叶。
게이워 칸아샤 쭈이 하오더 차예.

좀 추천해 주세요.
Nǐ gěi wǒ tuījiàn yí xià,   hǎo ma?
你 给 我 推 荐 一 下， 好 吗？
니 게이워 투이지엔 이샤, 하오마?

세 근 주세요.
Gěi wǒ sān jīn.
给 我 三 斤。 게이워 싼진.

이 신발은 한 켤레에 얼마입니까?

Zhè shuāng xiézi duōshao qián?

这 双 鞋 子 多 少 钱 ? 쩌슈앙 시에즈 뚸샤오 치엔?

이 가방은 얼마입니까?

Zhè ge bāor duōshao qián?

这 个 包 儿 多 少 钱 ? 쩌거 빠올 뚸샤오 치엔?

바퀴 달린 가방을 보여 주세요.

Gěi wǒ kàn yí xià yǒu lúnzi de bāor.

给 我 看 一 下 有 轮 子 的 包 儿 。

게이워 칸이샤 요룬즈 더 빠올.

이 모자는 얼마입니까?

Zhè dǐng màozi shì duōshao qián?

这 顶 帽 子 是 多 少 钱 ? 쩌 딩 마오즈 쓰 뚸샤오 치엔?

여기는 무슨 기념품이 있나요?

Nǐmen zhèr yǒu shénme jìniànpǐn?

你 们 这 儿 有 什 么 纪 念 品 ?

니먼 쩔 요션머 지니엔핀?

저 장식품은 얼마인가요?

Nà ge zhuāngshīpǐn shì duōshao qián?

那 个 装 饰 品 是 多 少 钱 ?

나거 쭈앙스핀 쓰 뚸샤오 치엔?

두 개 주세요.

Gěi wǒ liǎng ge.

给 我 两 个。 게이워 량거.

도장을 새기고 싶은데요.

Wǒ xiǎng kè túzhāng.

我 想 刻 图 章。 워샹 커 투장.

도장 하나 새기는데 얼마나 걸리나요?

Kè yí ge túzhāng yào duōcháng shíjiān?

刻 一 个 图 章 要 多 长 时 间 ?

커 이거 투장 야오 뚸창 스지엔?

한국 이름도 새길 수 있나요?

Hánwén míngzi yě kěyǐ kè ma?

韩 文 名 字 也 可 以 刻 吗 ? 한원 밍쯔 예커이 커마?

글자체를 고를 수 있나요?

Wǒ kěyǐ xuǎn zìtǐ ma?

我 可 以 选 字 体 吗 ? 워 커이 슈엔 쯔티 마?

어떤 색깔을 찾으십니까?

Nín yào shénme yánsè?

您 要 什 么 颜 色 ？ 닌야오 션머 옌써?

어떤 색깔이 있나요?

Nǐmen yǒu shénme yánsè de?

你 们 有 什 么 颜 色 的 ？ 니먼 요션머 옌써 더?

다른 색깔은 없습니까?

Yǒu méiyǒu bié de yánsè?

有 没 有 别 的 颜 色 ？ 요메이요 비에더 옌써?

검정색 있습니까?

Yǒu hēisè ma?

有 黑 色 吗 ？ 여우 헤이써 마?

붉은색 있습니까?

Yǒu hóngsè ma?

有 红 色 吗 ？ 여우 홍써 마?

파란색, 흰색 한 벌씩 주세요.

Lán de, bái de gè yào yí jiàn.

蓝 的、 白 的 各 要 一 件 。 란더, 바이더 꺼야오 이지엔.

색이 좀 짙군요.

Yánsè shēn le yì diǎnr.
颜色深了一点儿。 옌써 션러 이디알.

색이 좀 어둡군요.

Yánsè àn le yì diǎnr.
颜色暗了一点儿。 옌써 안러 이디알.

색이 좀 화려하군요.

Yánsè tài huā le.
颜色太花了。 옌써 타이 후알러.

저는 이 색을 좋아합니다.

Wǒ xǐhuan zhè ge yánsè.
我喜欢这个颜色。 워 시환 쩌거 옌써.

저는 수수한 색을 좋아하는 편입니다.

Wǒ bǐjiào xǐhuan pūsù yì diǎnr de.
我比较喜欢朴素一点儿的。
워 비쟈오 시환 푸쑤 이디알 더.

좀 진한 색깔은 없습니까?

Yǒu méiyǒu shēn yì diǎnr de yánsè?
有没有深一点儿的颜色？
요메이요 션 이디알 더 옌써?

좀 연한 색깔은 없나요?

Yǒu méiyǒu qiǎn yì diǎnr de yánsè?

有 没 有 浅 一 点 儿 的 颜 色 ?

요메이요 치엔 이디알 더 옌써?

34. 사이즈 고르기

몇 호를 입으십니까?

Nín chuān duōdà hào de?

您穿多大号的? 닌 추안 뚜어따 하오 더?

몇 호를 입으십니까?

Nín chuān jǐ hào?

您穿几号? 닌 추안 지하오?

몇 사이즈를 신으십니까?

Nín chuān jǐ hào?

您穿几号? 닌 추안 지하오?

몇 호를 입는지 모르겠는데요.

Wǒ bù zhīdao chuān duōdà hào.

我不知道穿多大号。 워 뿌즈다오 추안 뚜어따 하오.

중국 사이즈를 모르겠는데요.

Wǒ bù zhīdao Zhōngguó de chǐcùn.

我不知道中国的尺寸。 워 뿌즈다오 쭝궈 더 츠춘.

제 대신 좀 봐 주세요.

Nín bāng wǒ kàn yí xià, hǎo ma?

您帮我看一下, 好吗? 닌 빵워 칸이샤, 하오마?

내가 몇 호를 입어야 맞을까요?

您 看， 我 穿 多 大 号 的 合 适？

닌칸, 워추안 뚜어따 하오 더 허스?

사이즈를 좀 재 주세요.

您 帮 我 量 一 下 尺 寸， 好 吗？

닌 빵워 량 이샤 츠춘, 하오마?

좀 크군요.

Yǒu diǎnr dà.
有 点 儿 大。　요디알 따.

좀 작군요.

Yǒu diǎnr xiǎo.
有 点 儿 小。　요디알 샤오.

좀 더 큰 건 없나요?

Yǒu méiyǒu dà yì   diǎnr de?
有 没 有 大 一 点 儿 的？ 요메이요 따 이디알 더?

좀 더 작은 건 없나요?

Yǒu méiyǒu xiǎo yì   diǎnr de?
有 没 有 小 一 点 儿 的？ 요메이요 샤오 이디알 더?

작은 사이즈는 없습니까?

Yǒu méiyǒu xiǎo hào de?

有 没 有 小 号 的？ 요메이요 샤오하오 더?

죄송합니다. 이게 제일 큰 겁니다.

Duì bu qǐ, Zhè shì zuì dà de.

对 不 起， 这 是 最 大 的。 뛔부치, 쩌쓰 쭈이 따더.

이 옷은 좀 길군요.

Zhè jiàn cháng le yì diǎnr.

这 件 长 了 一 点 儿。 쩌지엔 창러 이디알.

이 옷은 좀 짧군요.

Zhè jiàn duǎn le yì diǎnr.

这 件 短 了 一 点 儿。 쩌지엔 두안러 이디알.

이 옷이 잘 맞는군요.

Zhè jiàn hěn héshì.

这 件 很 合 适。 쩌지엔 헌 허쓰.

길지도 짧지도 않은 게 딱 좋습니다.

Bù cháng yě bù duǎn, gānggāng hǎo.

不 长 也 不 短， 刚 刚 好。

뿌창 예 뿌두안, 깡깡 하오.

품이 좀 더 넉넉한 거 없습니까?

Yǒu méiyǒu kuān yì diǎnr de?

有没有宽一点儿的？ 요메이요 콴 이디알 더?

길이나 품이 딱 맞습니다.

Chángduǎn, féishòu gānggāng hǎo.

长短、肥瘦刚刚好。 창두안, 페이셔우 깡깡 하오.

쇼핑

35. 가격 흥정하기

얼마입니까?

Duōshao qián?

多少钱? 뚜샤오 치엔?

한 벌에 250위엔입니다.

Yí jiàn liǎng bǎi wǔ.

一件两百五。 이지엔 량바이 우

너무 비싸군요. 좀 싸게 해주세요.

Tài guì le, piányi yì diǎnr ba.

太贵了，便宜一点儿吧。

타이 꾸일러, 피엔이 이디알 바.

20위엔 깎아드리겠습니다.

Gěi nín piányi èr shí kuài.

给您便宜二十块。 게이닌 피엔이 얼스 콰이.

150위엔으로 합시다.

Yì bǎi wǔ hǎo le.

一百五好了。 이바이 우 하올러.

이미 아주 싼 가격입니다.

Yǐjīng hěn piányi de le.

已经很便宜的了。 이징 헌 피엔이 덜러.

더 이상 깎아 드릴 수 없습니다.

Bù néng zài piányi   le.
不 能 再 便 宜 了。 뿌넝 짜이 피엔일러.

이미 손해본 가격입니다.

Yǐjīng péiqián   le.
已 经 赔 钱 了。 이징 페이치엔 러.

다른 곳으로 가보겠습니다.

Wǒ qù bié de   dìfang kàn kan ba.
我 去 别 的 地 方 看 看 吧。
워 취 비에더 띠팡 칸칸 바.

몇 개 더 사면 싸게 해 줄 수 있나요?

Duō mǎi jǐ ge kěyǐ   piányi diǎnr ma?
多 买 几 个 可 以 便 宜 点 儿 吗？
뛰 마이 지거 커이 피엔이디알 마?

할인합니까?

Nǐmen dǎzhé ma?
你 们 打 折 吗？ 니먼 다저마?

지금 할인 기간입니까?

Xiànzài shì dǎzhé qījiān ma?
现 在 是 打 折 期 间 吗？ 시엔짜이 쓰 다저 치지엔 마?

몇 퍼센트 할인입니까?

Dǎ jǐ zhé?

打 几 折? 다 지저?

30%할인입니다.

Dǎ qī zhé.

打 七 折。 다 치저*.

우리는 정찰제입니다.

Wǒmen shì búèrjià.

我 们 是 不 二 价。 워먼 쓰 부얼지아.

여기는 가격을 흥정할 수 없습니다.

Zhèr bù néng tǎojià.

这 儿 不 能 讨 价。 쩔 뿌넝 타오지아.

영수증을 주세요.

Gěi wǒ shōujù.

给 我 收 据。 게이워 셔우쥐.

계산대는 어디 있습니까?

Shōukuǎntái zài nǎr?

收 款 台 在 哪 儿? 셔우콴 타이 짜이날?

---

* 우리는 30%라고 말하지만 중국 사람들은 7折이라고 말한다.
  7折이라고 쓰여진 광고를 70% 세일로 착각해서는 안된다.

이거 가짜 아닙니까?

Zhè shì bu shì jiǎ de?

这 是 不 是 假 的 ? 쩌 쓰부쓰 지아더?

한국까지 부쳐줄 수 있습니까?

Kěyǐ jì dào Hánguó ma?

可 以 寄 到 韩 国 吗 ? 커이 지따오 한궈 마?

나눠서 포장해주세요.

Fēnkāi bāozhuāng ba.

分 开 包 装 吧。 펀카이 빠오쭈앙 바.

교환할 수 있습니까?

Kěyǐ huàn ma?

可 以 换 吗 ? 커이 환 마?

다른 것으로 교환하시겠습니까?

Nín yào huàn bié de ma?

您 要 换 别 的 吗 ? 닌야오 환 비에더 마?

환불하고 싶습니다.

Wǒ yào tuì huò.

我 要 退 货。 워 야오 투이훠.

쇼핑

영수증 가져오셨나요?

收 据 带 来 了 吗? 셔우쥐 따이 라일러 마?

가져왔습니다.

Dài lái le.

带 来 了。 따이 라일러.

환불해드릴 수 없습니다.

Bù néng tuì kuǎn.

不 能 退 款。 뿌넝 투이콴.

책임자를 불러주세요.

Qǐng jiào yí xià jīnglǐ.

请 叫 一 下 经 理。 칭 쨔오 이샤 징리.

쇼핑

37. 입장권 사기

매표소가 어디 있습니까?

Shòupiàochù zài nǎr?

售 票 处 在 哪 儿？ 셔우퍄오추 짜이날?

입장권은 얼마입니까?

Ménpiào shì duōshao qián?

门 票 是 多 少 钱？ 먼퍄오 쓰 뚸샤오 치엔?

20위엔입니다.

Èr shí kuài.

二 十 块。 얼스 콰이.

학생 할인됩니까?

Yǒu méiyǒu xuéshēng yōuhuì?

有 没 有 学 生 优 惠？ 요메이요 슈에셩 여우후이?

공원입구에서 샀는데 또 사야 됩니까?

Zài ménkǎu yǐjīng mǎi le ménpiào, hái yào mǎi shénme piào ma?

在 门 口 已 经 买 了 门 票, 还 要 买 什 么 票 吗？

짜이 먼커우 이징 마일러 먼퍄오, 하이 야오 마이 션머 퍄오 마?

그것은 공원 입장권이고 여기를 보려면 참관표를
사야 합니다.

Nà shì gōngyuán de ménpiào, yào kàn zhèr, hái yào mǎi
那 是 公 园 的 门 票, 要 看 这 儿, 还 要 买
cānguānquàn.
参 观 券。　나스 꿍위엔 더 먼퍄오. 야오 칸 쩔, 하이야오 마이 찬 꽌 취엔.

참관표는 얼마입니까?

Cānguānquàn shì duōshao qián?
参 观 券 是 多 少 钱 ?　찬꽌취엔 쓰 뭐샤오 치엔?

한 장에 15위엔입니다.

Yì zhāng shí wǔ kuài.
一 张 十 五 块。　이짱 스우 콰이.

몇 시부터 문을 엽니까?

Jǐ diǎn kāi mén?
几 点 开 门 ?　지디엔 카이먼?

개방시간은 몇 시부터 몇 시까지입니까?

Kāifàng shíjiān shì cóng jǐ diǎn dào jǐ diǎn?
开 放 时 间 是 从 几 点 到 几 点 ?
카이팡 스지엔 쓰 총 지디엔 따오 지디엔?

38. 관광 중에

여기 안내책자는 어디서 팝니까?

Qǐngwèn, zhèr de guānguāng shǒucè zài nǎr mǎi?

请问，这儿的观光手册在哪儿买？

칭원, 쩔더 꽝 셔우처 짜이날 마이?

이곳의 관광지도는 어디서 팝니까?

Qǐngwèn, zhèr de lǚyóu tú zài nǎr mài?

请问，这儿的旅游图在哪儿卖？

칭원, 쩔더 뤼여우투 짜이날 마이?

옆에 있는 매점에 가면 살 수 있습니다.

Zài pángbiānr de xiǎomàibù jiù kěyǐ mǎi de dào.

在旁边儿的小卖部就可以买得到。

짜이 팡비알 더 샤오마이뿌 지우 커이 마이더 따오.

박물관에 영어안내원이 있습니까?

Bówùguǎn nèi yǒu Yīngyǔ jiǎngjiěyuán ma?

博物馆内有英语讲解员吗？

뽀우관 네이 여우 잉위 쟝지에위엔 마?

이 공원을 다 둘러보려면 얼마나 걸립니까?

Kàn wán zhěngge gōngyuán yào duōcháng shíjiān?

看完整个公园要多长时间？

칸완 정거 꿍위엔 야오 뚸창 스지엔?

서문으로 나가려면 어디로 가야합니까?

Cóng Xīmén chū qù yào wǎng nǎr zǒu?

从 西 门 出 去 要 往 哪 儿 走?

총 시먼 추취 야오 왕 날 쩌우?

출구는 어느 쪽입니까?

Chūkǒu zài nǎr?

出 口 在 哪 儿? 추커우 짜이날?

어화원(御花園)은 어디에 있습니까?

Yù huāyuán zài nǎr?

御 花 园 在 哪 儿? 위화위엔 짜이날?

건청궁(乾淸宮) 뒤에 있습니다.

Zài Qiānqīnggōng hòubiānr.

在 乾 清 宫 后 边 儿。 짜이 치엔칭꽁 허우비알.

쭉 가시면 됩니다.

Yìzhí zǒu jiù dào.

一 直 走 就 到。 이즈 쩌우 지우 따우.

내가 있는 곳이 이 관광지도의 어느 곳입니까?

Zài zhè zhāng lǚyóu tú shàng, Wǒ xiànzài de wèizhì zài nǎr?

在 这 张 旅 游 图 上, 我 现 在 的 位 置 在 哪 儿?

짜이 쩌짱 뤼여우투 상, 워 시엔짜이 더 웨이즈 짜이날?

이 지점을 가려면 어느 길로 가야 합니까?

Yào dào zhè ge dìdiǎn gāi wǎng nǎr zǒu?

要 到 这 个 地 点 该 往 哪 儿 走 ?

야오 따오 쩌거 띠디엔 까이 왕 날 쩌우?

이것은 어느 시대 건축입니까?

Zhè shì nǎ yí ge Cháodài de jiànzhùwù?

这 是 哪 一 个 朝 代 的 建 筑 物 ?

쩌쓰 나이거 챠오따이 더 찌엔쭈우?

역사가 얼마나 되었나요?

Yǒu duōjiǔ de lìshǐ ne?

有 多 久 的 历 史 呢 ? 뭐여우 지우 더 리스 너?

공원 내에서 담배를 펴도 되나요?

Gōngyuánli kěyǐ chōuyān ma?

公 园 里 可 以 抽 烟 吗 ? 꿍위엔리 커이 초우옌 마?

공원 내에서는 금연입니다.

Yuán nèi jìnzhǐ xīyān.

园 内 禁 止 吸 烟。 위엔 네이 진즈 시옌.

잠깐 나가서 사진 한 장 찍고 들어와도 되나요?

Wǒ chū qù zhào zhāng xiàng zài jìn lái, xíng ma?

我 出 去 照 张 相 再 进 来, 行 吗 ?

워 추취 짜오짱 샹 짜이 진라이, 싱마?

39. 등산하기

이 산은 얼마나 높나요?

Zhè zuò shān yǒu duōgāo?

这 座 山 有 多 高? 쩌 쭤 산 여우 뚜어 까오?

이 산은 해발 2,300m입니다.

Zhè zuò shān shì hǎibá liǎng qiān sān bǎi mǐ.

这 座 山 是 海 拔 两 千 三 百 米。

쩌쭤샨 쓰 하이바 량치엔 싼바이 미.

정상까지 얼마나 걸립니까?

Dào shāndǐng yào zǒu duōcháng shíjiān?

到 山 顶 要 走 多 长 时 间?

따오 샨딩 야오 쩌우 뚸창 스지엔?

산에서 하루 자야 합니까?

Yào zài shān shàng zhù yí ge wǎnshàng ma?

要 在 山 上 住 一 个 晚 上 吗?

야오 짜이 샨상 쭈 이거 완샹 마?

산에 숙소가 있습니까?

Shān shàng yǒu zhù sù ma?

山 上 有 住 宿 吗? 샨상 여우 쭈쑤 마?

어느 쪽의 경치가 더 좋습니까?

哪 边 儿 的 风 景 更 好 呢 ?

나비알 더 펑징 껑 하오 너?

산에 오르는 케이블카가 있습니까?

这 儿 有 上 山 的 缆 车 吗 ?

쩔 여우 샹샨 더 란처 마?

동쪽 봉우리까지 밖에 안갑니다.

只 能 到 东 峰。 즈넝 따오 뚱펑.

산 위는 아주 추우니 외투를 가져가세요.

山 上 很 冷, 带 外 套 去 吧。

샨상 헌렁, 따이 와이타오 취바.

관광지

40. 사진찍기

여기서 사진을 찍어도 되나요?

Zhèr　kěyǐ　zhàoxiàng ma?

这 儿 可 以 照 相 吗 ?　쩔 커이 짜오샹 마?

여기서 플래시를 사용해도 되나요?

Zhèr　kěyǐ　yòng shǎnguāng dēng ma?

这 儿 可 以 用 闪 光 灯 吗 ?　쩔 커이 융 산꽝떵 마?

죄송합니다만, 안됩니다.

Duì bu qǐ　bù kěyǐ.

对 不 起,　不 可 以。　뛔부치, 부커이.

우리 천안문 광장에서 사진 한 장 찍죠.

Wǒmen　zài Tiān'ānmén　guǎngchǎng zhào zhāng xiàng ba.

我 们 在 天 安 门 广 场 照 张 相 吧。

워먼 짜이 티엔안먼 광창 짜오 짱 샹 바.

사진 좀 찍어주시겠어요?

Xiānsheng,　kěyǐ　bāng wǒ zhào xiàng ma?

先 生,　可 以 帮 我 照 相 吗 ?

씨엔셩, 커이 빵워 짜오샹 마?

뒤에 건물이 나오도록 찍어주세요.

Qǐng bǎ hòu miàn de jiànzhù zhào shang, hǎo ma?

请 把 后 面 的 建 筑 照 上, 好 吗?

칭 바 허후미엔 더 찌엔쭈 짜오 샹, 하오마?

뒤에 기념비가 나옵니까?

Hòu biānr de jìniànbēi zhào de shàng ma?

后 边 儿 的 纪 念 碑 照 得 上 吗?

허우비알 더 지니엔뻬이 짜오더 샹 마?

전신사진으로 찍어주세요.

Zhào quánshēn xiàng, hǎo ma?

照 全 身 像, 好 吗? 짜오 취엔션샹, 하오마?

상반신만 찍으시면 됩니다.

Zhào bàn shēn jiù xíng.

照 半 身 就 行。 짜오 빤션 지우 싱.

이것은 자동카메라입니다.

Zhè shì shǎguājī.

这 是 傻 瓜 机。 쩌스 샤꽈지.

누르기만 하면 됩니다.

Yí èn jiù xíng.

一 摁 就 行。 이 언 지우 싱.

셔터가 어디 있나요?

Kuàiménr zài nǎr?

快门儿在哪儿? 콰이멀 짜이날?

위에 붉은 것이 셔터입니다.

Shàng miàn hóng sè de jiù shì kuàiménr.

上面红色的就是快门儿。

샹 미엔 홍써 더 지우스 콰이멀.

한 장 더 찍어주세요.

Zài zhào yì zhāng, hǎo ma?

再照一张, 好吗? 짜이 짜오 이 짱, 하오마?

저하고 사진 한 장 찍으시겠습니까?

Nín gēn wǒ yìqǐ zhào zhāng xiàng, hǎo bu hǎo?

您跟我一起照张相, 好不好?

닌 껀 워 이치 짜오 짱 샹, 하오 뿌하오?

더 가까이 붙으세요.

Kào jìn yì diǎnr ba.

靠近一点儿吧。 카오진 이디알 바.

가운데로 모이세요.

Wǎng zhōngjiān kào yí xià.

往中间靠一下。 왕 쭝지엔 카오이샤.

제가 당신 사진을 찍어도 될까요?

Wǒ kěyǐ zhào nín de xiàng ma?
我 可 以 照 您 的 相 吗 ? 워 커이 짜오 닌더 샹 마?

웃으세요. 하나, 둘, 셋!

Xiào yi xiào, yī, èr, sān!
笑 一 笑, 一、 二、 三! 샤오 이 샤오, 이, 얼, 쌘!

찍습니다. 하나, 둘, 셋!

Qǐng zhù yì, yī, èr, sān!
请 注 意, 一、 二、 三! 칭 쮸이, 이, 얼, 쌘!

당신 주소를 알려주세요.

Qǐng gàosù wǒ nín de dìzhǐ.
请 告 诉 我 您 的 地 址。 칭 까오쑤 워 닌더 띠즈.

현상한 후 꼭 보내드리겠습니다.

Zhàopiàn chōng xǐ hǎo le, yídìng jì gěi nín.
照 片 冲 洗 好 了, 一 定 寄 给 您。
짜오피엔 추어시 하올러, 이띵 찌 게이 닌.

필름을 다 썼군요.

Jiāojuǎn yòng wán le.
胶 卷 用 完 了。 쟈오쥐엔 융완러.

필름 한 통 주세요.

Wǒ yào yì juǎn jiāojuǎn.

我 要 一 卷 胶 卷。 워야오 이쮀엔 쟈오쮀엔.

컬러필름 한 통 주세요.

Wǒ yào yì juǎn cǎisè jiāojuǎn.

我 要 一 卷 彩 色 胶 卷。 워야오 이쮀엔 차이서 쟈오쮀엔.

흑백필름 한 통 주세요.

Wǒ yào yì juǎn hēibái jiāojuǎn.

我 要 一 卷 黑 白 胶 卷。 워야오 이쮀엔 헤이바이 쟈오쮀엔.

코닥필름 한 통 주세요.

Wǒ yào yì juǎn kēdá de jiāojuǎn.

我 要 一 卷 柯 达 的 胶 卷。

워야오 이쮀엔 커다 더 쟈오쮀엔.

필름을 현상해주세요.

Qǐng chōng xǐ yí xià jiāojuǎn.

请 冲 洗 一 下 胶 卷。 칭 충시 이샤 쟈오쮀엔.

언제 오면 되나요?

Shénme shíhòu néng qǔ ne?

什 么 时 候 能 取 呢? 션머 스홀 넝 취 너?

41. 단체 관광 참가하기

여행사를 좀 소개해 주세요.

Qǐng jièshao yí xià lǚxíngshè.

请 介 绍 一 下 旅 行 社。 칭 지에샤오 이샤 뤼싱셔.

이 호텔에 시내 관광투어 버스가 있나요?

Zhè fàndiàn yǒu shìqū zhōuyóu chē ma?

这 饭 店 有 市 区 周 游 车 吗？

쩌 판띠엔 여우 스취 쩌우여우 마?

여보세요, 중국칭년여행사입니까?

Wèi, Zhōnggúo qīngnián lǚxíngshè ma?

喂， 中 国 青 年 旅 行 社 吗？

웨이, 쭝궈 칭니엔 뤼싱셔 마?

시내관광투어가 있습니까?

Nǐmen yǒu shìqū zhōuyóu ma?

你 们 有 市 区 周 游 吗？ 니먼 여우 스취 쩌우여우 마?

단체여행에 참가하고 싶습니다.

Wǒ xiǎng cānjiā tuántǐ lǚyóu.

我 想 参 加 团 体 旅 游。 워샹 찬지아 투안티 뤼여우.

단체여행 코스를 좀 추천해 주세요.

Qǐng nín tuījiàn yí xià tuántǐ lǚyóu lùxiàn.

请 您 推 荐 一 下 团 体 旅 游 路 线。

칭닌 투이지엔 이샤 투안티 뤼여우 루시엔.

백두산 단체여행에 참가하고 싶습니다.

Wǒ xiǎng cānjiā qù Chángbáishān de tuántǐ lǚyóu

我 想 参 加 去 长 白 山 的 团 体 旅 游。

워샹 찬지아 취 창바이샨 더 투안티 뤼여우.

몽골 투어 코스로는 어떤 종류가 있나요?

Qù Nèiménggǔ de lǚyóu lù xiàn yǒu jǐ zhǒng?

去 内 蒙 古 的 旅 游 路 线 有 几 种 ?

취 네이멍구 더 뤼여우 루시엔 여우 지종?

2박3일 투어는 한 사람에 얼마인가요?

Sān tiān liǎng yè de lǚyóu yí ge rén duōshao qián?

三 天 两 夜 的 旅 游 一 个 人 多 少 钱 ?

싼티엔 량예 더 뤼여우 이거렌 뚸샤오 치엔?

백두산 1일 투어는 한사람에 얼마인가요?

Qù yì tiān Chángbáishān de lǚyóu yí ge rén duōshao qián?

去 一 天 长 白 山 的 旅 游 一 个 人 多 少 钱 ?

취 이티엔 창바이샨 더 뤼여우 이거렌 뚸샤오 치엔?

이 코스는 얼마입니까?

Zhè tiáo lù xiàn shì duōshao qián de?

这 条 路 线 是 多 少 钱 的 ?

쩌 티아오 루시엔 뚸샤오 치엔 더?

일정은 어떻게 짜여져 있나요?

Rìchéng zěnme ānpái de?

日 程 怎 么 安 排 的 ? 르청 쩐머 안파이 더?

오늘 일정은 어떻게 짜여져 있나요?

Jīntiān de rìchéng yǒu shénme ānpái?

今 天 的 日 程 有 什 么 安 排 ?

찐티엔 더 르청 여우 션머 안파이?

이 코스를 좀 설명해주세요.

Qǐng jièshao yí xià zhè tiáo lù xiàn.

请 介 绍 一 下 这 条 路 线。

칭 지에샤오 이샤 쩌 티아오 루시엔.

어디로 가서 등록해야 합니까?

Yào dào nǎr dēngjì?

要 到 哪 儿 登 记 ? 야오 따오 날 떵지?

몇 시에 출발하나요?

Jǐ diǎn chūfā?

几 点 出 发 ? 지디엔 추파?

몇 시에 돌아오나요?
Jǐ diǎn huí lái?
几 点 回 来? 지디엔 후이라이?

어디에서 출발합니까?
Zài nǎr chūfā?
在 哪 儿 出 发? 짜이날 추파?

어디에서 집합합니까?
Zài nǎr jíhé?
在 哪 儿 集 合? 짜이날 지허?

호텔로 데리러 옵니까?
Dào fàndiàn lái jiē wǒ ma?
到 饭 店 来 接 我 吗? 따오 판띠엔 라이 지에 워 마?

내일 무엇을 준비해 가야 합니까?
Míngtiān yào zhǔnbèi xiē shénme?
明 天 要 准 备 些 什 么?
밍티엔 야오 준뻬이 씨에 선머?

점심이 포함된 가격입니까?
Zhè shì bāokuò wǔcān de ma?
这 是 包 括 午 餐 的 吗? 쩌스 빠오쿼 우찬 더 마?

입장료가 포함된 가격입니까?

Bāokuò ménpiào zài nèi ma?

包 括 门 票 在 内 吗 ? 빠오쿼 먼퍄오 짜이 네이 마?

포함되지 않은 요금은 어떤 건가요?

Bù bāokuò de fèiyòng shì shénme?

不 包 括 的 费 用 是 什 么 ? 뿌 빠오쿼 더 페이융 스 션머?

버스에 에어컨이 있나요?

Lǚyóu chē yǒu kōngtiáo ma?

旅 游 车 有 空 调 吗 ? 뤼여우 처 여우 콩탸오 마?

한국어 가이드가 있나요?

Yǒu Hányǔ dǎoyóu ma?

有 韩 语 导 游 吗 ? 여우 한위 다오여우 마?

영어 가이드가 있나요?

Yǒu Yīngyǔ dǎoyóu ma?

有 英 语 导 游 吗 ? 여우 잉위 다오여우 마?

안내책자 한 부 주세요.

Gěi wǒ yí fèn xiǎocèzi.

给 我 一 份 小 册 子 。 게이워 이펀 샤오 처즈.

얼마나 더 가야 합니까?

Hái yào zǒu duōcháng shíjiān?

还 要 走 多 长 时 间 ? 하이 야오 쩌우 뚸창 스지엔?

42. 화장실 이용하기

화장실은 어디 있나요?

Cèsuǒ zài nǎr?

厕 所 在 哪 儿 ?　처쑤어 짜이날?

화장실은 무료입니까?

Cèsuǒ shì miǎnfèi ma?

厕 所 是 免 费 吗 ?　처쑤어 쓰 미엔페이 마?

이곳은 유료입니다.

Zhèr shì shōu fèi de.

这 儿 是 收 费 的。　쩔쓰 셔우페이 더.

이곳은 무료입니다.

Zhèr shì miǎn fèi de.

这 儿 是 免 费 的。　쩔쓰 미엔페이 더.

거기요, 돈 내세요.

Wèi qǐng fù qián.

喂, 请 付 钱。　웨이, 칭 푸치엔.

화장실에 화장지가 있나요?

Cèsuǒ li yǒu wèishēngzhǐ ma?

厕 所 里 有 卫 生 纸 吗 ?　처쑤얼리 여우 웨이셩즈 마?

화장지는 어디에서 팝니까?

Wèishēngzhǐ zài nǎr mài?

卫 生 纸 在 哪 儿 卖 ? 웨이셩즈 짜이날 마이?

근처에 좀 깨끗한 화장실 없나요?

Zhè fù jìn yǒu méiyǒu gānjìng yì diǎnr de xǐshǒujiān?

这 附 近 有 没 有 干 净 一 点 儿 的 洗 手 间 ?

쩌푸진 요메이요 깐징 이디알 더 시셔우지엔?

화장실을 좀 사용해도 될까요?

Wǒ kěyǐ yòng yí xià xǐshǒujiān ma?

我 可 以 用 一 下 洗 手 间 吗 ?

워 커이 융이샤 시셔우지엔 마?

제가 좀 급한데요.

Wǒ yǒu diǎnr jí.

我 有 点 儿 急。 워 여우디알 지.

사람 있습니다.

Yǒu rén zài.

有 人 在。 여우렌 짜이.

중국문화 즐기기

43. 공연관람하기

경극을 보고 싶습니다.

Wǒ xiǎng kàn jīngjù.

我 想 看 京 剧。 워샹 칸 징쮜.

중국 서커스(雜技)를 보고 싶습니다.

Wǒ xiǎng kàn zájì.

我 想 看 杂 技。 워샹 칸 짜찌.

어디에서 경극을 볼 수 있습니까?

Zài nǎr kěyǐ kàn jīngjù?

在 哪 儿 可 以 看 京 剧? 짜이날 커이 칸 징쮜?

리위엔(梨園) 극장은 어디에 있습니까?

Líyuán jùchǎng zài nǎr?

梨 园 剧 场 在 哪 儿? 리위엔 쮜창 짜이 날?

치엔먼 호텔 안에 있습니다.

Zài Qiánmén fàndiàn li.

在 前 门 饭 店 里。 짜이 치엔먼 판띠엔 리.

라오셔 차관(老舍茶館)은 어디에 있습니까?

Lǎoshě cháguǎn zài nǎr?
老 舍 茶 馆 在 哪 儿? 라오셔 차관 짜이 날?

오늘은 어떤 프로그램이 있습니까?

Jīntiān yǒu shénme jiémù?
今 天 有 什 么 节 目? 찐티엔 요셔머 지에무?

프로그램 한 장 주세요.

Qǐng gěi wǒ yì zhāng jiémùbiǎo, hǎo ma?
请 给 我 一 张 节 目 表, 好 吗?
칭 게이워 이짱 지에무 빠오, 하오마?

이것은 몇 시 프로그램입니까?

Zhè shì jǐ diǎn de jiémù?
这 是 几 点 的 节 目? 쩌쓰 지디엔 더 지에무?

몇 시에 상연합니까?

Jǐ diǎn kāiyǎn?
几 点 开 演? 지디엔 카이옌?

공연시간은 얼마나 됩니까?

Shàngyǎn shíjiān yǒu duōcháng?
上 演 时 间 有 多 长? 샹옌 스지엔 여우 뭐창?

예약을 해야 하나요?

Yào yù dìng ma?
要 预 订 吗? 야오 위띵 마?

오늘 저녁 표 있습니까?

Jīntiān wǎnshàng yǒu piào ma?

今天晚上有票吗? 찐티엔 완샹 여우 퍄오 마?

오늘 저녁 표는 매진입니다.

Jīntiān wǎnshàng de piào dōu mài wán le.

今天晚上的票都卖完了。

찐티엔 완샹 더 퍄오 마이 완러.

입장료는 얼마입니까?

Ménpiào shì duōshao qián?

门票是多少钱? 먼퍄오 쓰 뚸샤오 치엔?

입장료가 왜 다릅니까?

Ménpiào jiàgé wèishénme bù yíyàng?

门票价格为什么不一样?

먼퍄오 지아거 웨이션머 뿌이양?

어느 좌석을 드릴까요?

Nín yào shenme zuòwèi?

您要什么座位? 닌 야오 션머 쭤웨이?

앞자리로 주십시오.

Wǒ yào qián pái de zuòwèi.

我要前排的座位。 워 야오 치엔 파이 더 쭤웨이.

좋은 자리로 주세요.

Gěi wǒ hǎo yì diǎnr de zuòwèi.

给 我 好 一 点 儿 的 座 位。

게이워 하오 이디알 더 쭤웨이.

앞자리는 얼마입니까?

Qián pái de zuòwèi shì duōshao qián?

前 排 的 座 位 是 多 少 钱?

치엔 파이 더 쭤웨이 쓰 뛰샤오 치엔?

가장 비싼 표는 얼마입니까?

Zuìguì de piào shì duōshao qián?

最 贵 的 票 是 多 少 钱？

쭈이 꾸이 더 퍄오 쓰 뛰샤오 치엔?

가장 싼 표는 얼마입니까?

Zuì piányi de shì duōshao qián?

最 便 宜 的 是 多 少 钱？

쭈이 피엔이 더 쓰 뛰샤오 치엔?

좌석번호대로 앉아야 합니까?

Yào àn hàor zuò ma?

要 按 号 儿 坐 吗？ 야오 안하올 쭈어 마?

제 자리가 어디인가요?

Wǒ de zuòwèi zài nǎr?

我 的 座 位 在 哪 儿？ 워더 쭤웨이 짜이날?

여기는 제 자리인데요.
Zhè shì wǒ de zuòwèi.
这 是 我 的 座 位。 쩌쓰 워더 쭤웨이.

자리 좀 바꿔 주시겠어요?
Qǐng huàn yí xià zuòwèi, hǎo ma?
请 换 一 下 座 位, 好 吗?
칭 환이샤 쭤웨이, 하오마?

좀 늦었는데 지금 들어가도 되나요?
Wǒ lái wǎn le, xiànzài yě kěyǐ jìn qù ma?
我 来 晚 了, 现 在 也 可 以 进 去 吗?
워 라이 완러, 시엔짜이 예 커이 진취 마?

극장에서 사진을 찍어도 되나요?
Jù chǎngli kěyǐ zhào xiàng ma?
剧 场 里 可 以 照 相 吗? 쥐창리 커이 짜오샹 마?

플래시를 써도 됩니까?
Kěyǐ yòng shǎnguāngdēng ma?
可 以 用 闪 光 灯 吗? 커이 융 샹꽝떵 마?

이 극은 무슨 내용입니까?
Zhè chū xì shì shénme nèiróng?
这 出 戏 是 什 么 内 容? 쩌추시 쓰 션머 네이롱?

저 대사는 무슨 뜻입니까?
Nà ge táicí shì shénme yìsi?
那个台词是什么意思？ 나거 타이츠 쓰 셔머 이쓰?

방금 다들 왜 웃었습니까?
Gāngcái dàjiā wèishénme xiào le ne?
刚才大家为什么笑了呢？
깡차이 따쟈 웨이션머 샤올러 너?

저 사람은 무슨 역할입니까?
Nà ge rén shì shénme juésè?
那个人是什么角色？ 나거렌 쓰 셔머 쥐에써?

저 동작은 무슨 뜻입니까?
Nà ge dòngzuò shì shénme yìsi?
那个动作是什么意思？ 나거 뚱쭤 쓰 셔머 이쓰?

저 배우는 유명한가요?
Nà ge yǎnyuán yǒumíng ma?
那个演员有名吗？ 나거 옌위엔 여우밍 마?

오늘 공연이 매우 훌륭했습니다.
Jīntiān de biǎoyǎn fēicháng jīngcǎi.
今天的表演非常精彩。
찐티엔 더 삐아오옌 페이창 징차이.

정말 대단합니다.
Zhēn liǎo bu qǐ.
真 了 不 起。 쩐 랴오뿌치.

전혀 못 알아 듣겠습니다.
Wánquán tīng bu dǒng.
完 全 听 不 懂。 완취엔 팅뿌동.

알아듣지는 못하지만 노랫소리가 참 듣기 좋군요.
Wǒ tīng bu dǒng, kěshì chàngqiāng hěn hǎo tīng.
我 听 不 懂, 可 是 唱 腔 很 好 听。
워 팅뿌동, 커쓰 창치앙 헌 하오팅.

경극의 얼굴분장이 참 재미있군요.
Jīngjù de huàzhuāng hěn yǒu yìsi.
京 剧 的 化 装 很 有 意 思。
징쥐 더 화쭈앙 헌 여우이쓰.

경극 의상을 좋아합니다.
Wǒ hěn xǐhuan jīngjù de fúzhuāng.
我 很 喜 欢 京 剧 的 服 装。
워 헌 시환 징쥐 더 푸쭈앙.

중국 서커스(雜技)에는 별로 관심이 없습니다.
Wǒ duì zájì méiyǒu xìngqu.
我 对 杂 技 没 有 兴 趣。 워 뚜이 짜찌 메이요 싱취.

중국 친구 사귀기

44. 상황 1

비행기에서

나 : 안녕하세요? 중국인이십니까?
Nín hǎo! Nín shì Zhōngguó rén ma?
您 好! 您 是 中 国 人 吗? 닌하오! 닌쓰 쭝궈렌 마?

중국인 : 네, 중국인이세요?
Shì de,　　 Nǐ shì…?
是 的,　 你 是 …? 쓰더, 니쓰…?

나 : 아닙니다. 저는 한국 사람입니다.
Wǒ shì　Hánguó rén.
我 是 韩 国 人。 워쓰 한궈렌.

중국인 : 중국어를 할 줄 아시는군요.
Nín huì shuō Hànyǔ　a!
您 会 说 汉 语 啊! 닌 후이 슈어 한위 아!

나 : 잘 못합니다. 베이징에 사십니까?
Wǒ shuō de bù hǎo.　Nín zhù zài běijīng ma?
我 说 得 不 好。 您 住 在 北 京 吗?
워 슈어더 뿌하오. 닌 쭈짜이 베이징 마?

중국인 : 네. 베이징 토박이입니다.

Shì de,　　Wǒ shì lǎo Běijīng.
是 的,　我 是 老 北 京。　쓰더, 워쓰 라오 베이징.

나 : 그래요? 말씀 좀 묻겠는데, 화교호텔(華僑飯
店)이 어디 있습니까?

Shì ma?　Nà qǐngwèn yí xià,　Huáqiáo fàndiàn zài　nǎr?
是 吗? 那 请 问 一 下, 华 侨 饭 店 在 哪 儿?
쓰마? 나 칭원이샤, 화챠오 판띠엔 짜이날?

중국인 : 바로 왕푸징 북쪽에 있습니다.

Jiù　zài　Wángfǔjǐng běiduān.
就 在 王 府 井 北 端。　지우짜이 왕푸징 베이뚜안.

나 : 그럼, 공항에서 호텔까지 택시비로 얼마나 나올
까요?

　Nàme,　Jīchǎng dào Huáqiáo fàndiàn de　chūzūchē　fèi huì
那 么, 机 场 到 华 侨 饭 店 的 出 租 车 费 会
duōshao?
多 少 ?　나머, 지찬 따우 화챠오 판띠엔 더 추주처 페이 후이 뚸샤오?

중국인 : 대략 50위엔 정도 될 겁니다.

Dàgài　wǔ shí kuài zuǒyòu ba.
大 概 五 十 块 左 右 吧。　따까이 우스 콰이 쭤여우 바.

기차역에서 도움받기

나 : 말씀 좀 묻겠는데, 기차표는 어디서 사나요?

Qǐngwèn yí xià,　huǒchē piào zài nǎr mǎi?

请 问 一 下,　火 车 票 在 哪 儿 买 ?

칭원이샤, 훠처퍄오 짜이날 마이?

중국인 : 기차역 안에 매표소가 있습니다. 저를 따라오세요.

Huǒchē zhàn lǐbiānr yǒu shòupiàochù.　Nǐ gēn wǒ lái ba.

火 车 站 里 边 儿 有 售 票 处。　你 跟 我 来 吧。

훠처짠 리비알 여우 셔우퍄오추. 니 껀워 라이 바.

나 : 감사합니다. 학생이세요?

Xièxie.　Nǐ shì xuésheng ma?

谢 谢。　你 是 学 生 吗 ?　씨에씨에. 니쓰 슈에셩 마?

중국인 : 네. 어디 가는 길이십니까?

Shì de.　Ní yào qù nǎr?

是 的。　你 要 去 哪 儿 ?　쓰더. 니야오 취날?

나 : 카이펑(開封)에 가려고 합니다. 당신은요?

Wǒ yào qù Kāifēng,　Nǐ ne?

我 要 去 开 封,　你 呢 ?　워야오 취 카잉펑, 니너?

중국인 : 저는 시안(西安)에 관광하러 갑니다.
Wǒ qù Xī'ān lǚyóu.
我 去 西 安 旅 游 。 워취 시안 뤼여워.

나 : 시안이요? 저도 카이펑에 갔다가 시안에 가려고 했는데요.
Xī'ān?　Wǒ dǎsuàn xiān qù Kāifēng, ránhòu zài qù Xī'ān.
西 安？ 我 打 算 先 去 开 封, 然 后 再 去 西 安。
시안? 워 다쏸 시엔 취 카이펑, 란허우 짜이취 시안

중국인 : 또 어디로 가십니까?
Hái yào qù nǎr?
还 要 去 哪 儿？ 하이 야오 취날?

나 : 난징(南京)과 상하이도 가려고 합니다.
Nánjīng hé Shànghǎi yě yào qù.
南 京 和 上 海 也 要 去。 난징 허 상하이 예 야오 취.

중국인 : 그럼 시안을 먼저 갔다가 카이펑으로 가세요.
난징을 가려면 어차피 카이펑을 통해서 가야하니까요.
Nàme,　Xīan qù Xī'ān zài qù Kāifēng ba.
那 么, 先 去 西 安 再 去 开 封 吧。
나머, 시엔취 시안 짜이 취 카이펑 바.
Qù Nánjīng de huà yào jīngguò Kāifēng.
去 南 京 的 话 要 经 过 开 封。
취 난징 더 화 야오 징꿔 카이펑.

나 : 그래요? 서안에 함께 가는게 어떨까요?
Shì ma? Nà wǒmen yìqǐ qù Xī'ān, zěnme yàng?
是 吗? 那 我 们 一 起 去 西 安, 怎 么 样?
쓰마? 나 워먼 이치 취 시안, 쩐머양?

46. 상황 3

기차 안에서

나 : 실례합니다. 여기 앉아도 될까요?

Láojià,　　zhèr　　kěyǐ zuò ma?

劳 驾,　这 儿 可 以 坐 吗? 라오쟈, 쩔 커이 쭤 마?

중국인 : 네, 앉으세요. 어느 나라 분이세요?

Xíng,　qǐng zuò.　Nǐ shì nǎ guó rén?

行,　请 坐。 你 是 哪 国 人? 싱, 칭쭤. 니쓰 나궈렌?

나 : 한국인입니다. 한국에 와 보셨나요?

Wǒ shì Hángúo rén.　Nǐ lái guò Hángúo ma?

我 是 韩 国 人。 你 来 过 韩 国 吗?

워쓰 한궈렌. 니 라이꿔 한궈 마?

중국인 : 아직 못 가봤습니다.

Hái méi qù guò.

还 没 去 过。 하이 메이 취꿔.

나 : 그래요? 저도 이번이 중국에 처음 온 겁니다.

Shì ma?　Wǒ yě shì dì yī cì lái Zhōngguó de.

是 吗? 我 也 是 第 一 次 来 中 国 的。

쓰마? 워예쓰 띠이츠 라이 쭝궈더.

중국인 : 그래요? 어디 어디 가보셨어요?
Zhèyang a.　　Nǐ qù guo nǎ xiē dìfang?
这样 啊。你 去 过 哪 些 地 方？
쩌양아. 니 취꿔 나씨에 띠팡?

나 : 상하이(上海), 쑤저우(蘇州), 그리고 항저우(杭州)에 가봤습니다.
Wǒ qù guo Shànghǎi,　Sūzhōu hé Hángzhōu.
我 去 过 上 海、苏 州 和 杭 州。
워 취꿔 샹하이, 쑤쩌우 허 항쩌우

중국인 : 꾸이린(桂林)에는 가봤습니까?
Guìlín qù guo ma?
桂 林 去 过 吗？ 꾸이린 취꿔 마?

나 : 가보고 싶은데 아직 못가봤습니다.
Hái méi qù guo.　Hěn xiǎng qù.
还 没 去 过。很 想 去。 하이 메이 취꿔. 헌샹 취.

중국인 : ‘꾸이린 산수는 천하제일’ 이라고 했습니다. 꼭 가보세요.
‘Guìlín shānshuǐ jiǎ tiānxià’, Nǐ yídìng yào qù kàn kan.
‘桂 林 山 水 甲 天 下’，你 一 定 要 去 看 看。
꾸이린 샨슈이 지아 티엔샤, 니 이띵 야오 취 칸칸.

나 : 그 말씀을 들으니 더 가보고 싶군요.

Tīng nǐ   zhème yì shuō,   Wǒ gèng xiǎng qù le.

听 你 怎 么 一 说， 我 更 想 去 了。

팅니 쩌머 이 슈어, 워 껑 샹 췰러.

중국 친구

내일 시간 있으세요?

Míngtiān yǒu kòng ma?

明 天 有 空 吗? 밍티엔 여우콩 마?

제가 식사 대접을 하고 싶은데요.

Wǒ xiǎng qǐng nǐ chī fàn.

我 想 请 你 吃 饭。 워샹 칭니 츠판.

오늘 저녁에 제가 한턱 내겠습니다.

Jīntiān wǎnshàng wǒ qǐng kè.

今 天 晚 上 我 请 客。 찐티엔 완샹 워 칭커.

우리 함께 점심식사 하실래요?

Wǒmen yìqǐ chī wǔfàn, hǎo ma?

我 们 一 起 吃 午 饭, 好 吗? 워먼 이치 츠우판, 하오마?

차 한 잔 함께 하시죠.

Wǒmen yìqǐ hē bēi chá ba.

我 们 一 起 喝 杯 茶 吧。 워먼 이치 허뻬이차 바.

오늘 저녁에 술 한 잔 함께 합시다.

Jīntiān wǎnshàng wǒmen hē bēi jiǔ ba.

今 天 晚 上 我 们 喝 杯 酒 吧。

찐티엔 완샹 워먼 허뻬이 지우 바.

무슨 음식을 드시고 싶으세요?

Nǐ xiǎng chī shénme?

你 想 吃 什 么 ? 니샹 츠셴머?

뭐든지 괜찮습니다.

Shénme dōu kěyǐ.

什 么 都 可 以。 션머 떠우 커이.

한국 음식 좋아하세요?

Nǐ xǐhuan chī Hánguó cài ma?

你 喜 欢 吃 韩 国 菜 吗 ? 니 시환 츠 한궈 차이 마?

시내에 있는 한국 음식점에서 만납시다.

Zài shìqū de Hánguó cāntīng jiàn ba.

在 市 区 的 韩 国 餐 厅 见 吧。

짜이 스취더 한궈 찬팅 지엔 바.

몇 시가 좋을까요?

Jǐ diǎn bǐjiào fāngbiàn?

几 点 比 较 方 便 ? 지디엔 비쟈오 팡삐엔?

제가 이곳을 잘 모르니까 호텔로 데리러 와주시겠어요?

Zhèr wǒ bú tài shúxi, qǐng dào fàndiàn lái jiē wǒ, hǎo ma?

这 儿 我 不 太 熟 悉, 请 到 饭 店 来 接 我, 好 吗 ?

쩔 워 부타이 슈시, 칭 따오 판띠엔 라이 지엔워, 하오마?

48. 대화거리

상하이 사람이신가요?

Nín shì Shànghǎi rén ma?

您 是 上 海 人 吗？ 닌스 샹하이렌 마?

이곳에 사십니까?

Nín zhù zài zhèr ma?

您 住 在 这 儿 吗？ 닌 쭈짜이 쩔 마?

이곳에 와보셨습니까?

Nín lái guo zhèr ma?

您 来 过 这 儿 吗？ 닌 라이꿔 쩔 마?

이곳 날씨가 어떻습니까?

Zhèr de tiānqi zěnme yàng?

这 儿 的 天 气 怎 么 样？ 쩔더 티엔치 쩐머양?

여기 볼 만한 것이 뭐가 있나요?

Zhèr yǒu shénme kěyǐ kàn de?

这 儿 有 什 么 可 以 看 的？ 쩔 요셩머 커이 칸더?

고향이 어디십니까?

Nín lǎo jiā zài nǎr?

您 老 家 在 哪 儿？ 닌 라오쟈 짜이날?

저는 서울에 삽니다.
Wǒ zhù zài Hànchéng.
我 住 在 汉 城。 워 쭈짜이 한청.

저는 부산에 삽니다.
Wǒ zhù zài Fǔshān.
我 住 在 釜 山。 워 쭈짜이 푸샨.

중국에 처음 와봤습니다.
Wǒ dì yī cì lái Zhōngguó.
我 第 一 次 来 中 国 。 워 띠이츠 라이 쭝궈.

다음에 또 와보고 싶습니다.
Hěn xiǎng xià cì zài lái kàn.
很 想 下 次 再 来 看。 헌상 샤츠 짜이 라이 칸.

이곳 경치는 정말 아름답군요.
Zhèr de fēngjǐng zhēn měi.
这 儿 的 风 景 真 美。 쩔더 펑징 쩐메이

어떤 일을 하십니까?
Nín zuò shénme gōngzuò?
您 做 什 么 工 作？ 닌 쭤 션머 꿍쭤?

저는 선생님입니다.
Wǒ shì lǎoshī.
我 是 老 师。 워쓰 라오스.

가족이 몇 명입니까?

Nǐ jiā yǒu jǐ kǒu rén?

你 家 有 几 口 人 ? 니쟈 요 지커우 렌?

형제가 어떻게 됩니까?

Nǐ yǒu xiōngdì jiěmèi ma?

你 有 兄 弟 姐 妹 吗 ? 니요 슝띠 지에메이 마?

결혼하셨습니까?

Nǐ jiéhūn le ma?

你 结 婚 了 吗 ? 니 지에훈러 마?

애인있습니까?

Nǐ yǒu duìxiàng ma?

你 有 对 象 吗 ? 니요 뚜이샹 마?

여자친구 있습니까?

Nǐ yǒu nǚ péngyou ma?

你 有 女 朋 友 吗 ? 니요 뉘펑요 마?

남자친구 있습니까?

Nǐ yǒu nán péngyou ma?

你 有 男 朋 友 吗 ? 니요 난펑요 마?

한국음식 좋아하십니까?

Nǐ xǐhuan Hánguó cài ma?

你 喜 欢 韩 国 菜 吗 ? 니 시환 한궈 차이 마?

한국노래 좋아하십니까?

Nǐ xǐhuan Hánguó gēr ma?
你 喜 欢 韩 国 歌 儿 吗 ? 니 시환 한궈 껄 마?

한국영화나 드라마 본 적 있습니까?

Nǐ kàn guo Hánguó diànyǐng huòzhe diànshì jù ma?
你 看 过 韩 国 电 影 或 者 电 视 剧 吗 ?
니 칸꿔 한궈 띠엔잉 훠저 띠엔스 쥐 마?

한국 배우 누구를 좋아하십니까?

Nǐ xǐhuan nǎ ge Hánguó yǎnyuán?
你 喜 欢 哪 个 韩 国 演 员 ?
니 시환 나거 한궈 옌위엔?

한국 가수 누구를 좋아하십니까?

Nǐ xǐhuan nǎ ge Hánguó gēshǒu?
你 喜 欢 哪 个 韩 国 歌 手 ?
니 시환 나거 한궈 꺼쇼우?

전공이 뭡니까?

Nǐ de zhuānyè shì shénme?
你 的 专 业 是 什 么 ? 니더 짠예 쓰 션머?

어느 학교에 다닙니까?

Nǐ shàng nǎ ge xuéxiào?
你 上 哪 个 学 校 ? 니상 나거 슈에샤오?

저는 경제학을 공부하고 있습니다.

Wǒ shì xué jīngjì de.

我 是 学 经 济 的。　워쓰 슈에 징지 더.

나이가 어떻게 됩니까?

Duōdà niánjì le.

多 大 年 纪 了。　뭐따 니엔지 러?

몇 학년입니까?

Jǐ niánjí?

几 年 级？　지니엔 지?

대학교 3학년입니다.

Dàxué sān niánjí.

大 学 三 年 级。　따슈에 싼니엔 지.

취미가 뭡니까?

Nǐ yǒu shénme àihào?

你 有 什 么 爱 好？　니요 션머 아이하오?

저는 영화보기를 좋아합니다.

Wǒ xǐhuan kàn diànyǐng.

我 喜 欢 看 电 影。　워 시환 칸 띠엔잉.

무슨 운동 좋아하십니까?

Nǐ xǐhuan shénme yùndòng?

你 喜 欢 什 么 运 动？　니 시환 션머 윈뚱?

중국 남자들은 축구를 제일 좋아한다고 들었는데요.

Tīngshuō Zhōngguó nánrén zuì xǐhuan zúqiú.

听 说 中 国 男 人 最 喜 欢 足 球。

띵슈어 쭝궈 난렌 쭈이 시환 주치우?

한국에서는 야구가 가장 인기가 있습니다.

Zài Hánguó zuì shòu huānyíng de shì bàngqiú.

在 韩 国 最 受 欢 迎 的 是 棒 球。

짜이 한궈 쭈이 쇼우 환잉더 쓰 빵치우.

오늘 대화가 정말 즐거웠습니다.

Jīntiān liáo de zhēn yúkuài.

今 天 聊 得 真 愉 快。　찐티엔 랴오더 쩐 위콰이.

또 만나고 싶습니다.

Wǒ xiǎng zài gēn nǐ jiàn miàn.

我 想 再 跟 你 见 面。　워샹 짜이 껀니 지엔미엔.

이것은 제 명함입니다.

Zhè shì wǒ de míngpiàn.

这 是 我 的 名 片。　쩌쓰 워더 밍피엔.

제 한국 전화번호와 주소를 알려드리겠습니다.

Gàosù nǐ wǒ Hánguó de diànhuà hàomǎ hé dìzhǐ ba.

告 诉 你 我 韩 国 的 电 话 号 码 和 地 址 吧。

까오쑤 니 워 한궈더 띠엔화 하오마 허 띠즈 바.

전화번호와 주소를 좀 알려주시겠어요?

Nín néng bù néng gàosu wǒ nǐ de diànhuà hàomǎ hé dìzhǐ.

您能不能告诉我你的电话号码和地址。

니 넝뿌넝 까오쑤워 니더 띠엔화 하오마 허 띠즈.

49. 전화걸기

공중전화는 어디 있나요?

Gōngyòng diànhuà zài nǎr?
公 用 电 话 在 哪 儿? 꿍융 띠엔화 짜이날?

IC카드를 쓸 수 있는 공중전화는 어디 있나요?

Yòng IC kǎ de gōngyòng diànhuà zài nǎr?
用 I C 卡 的 公 用 电 话 在 哪 儿?

융 IC 카더 꿍융 띠엔화 짜이날?

이 근처에 전화를 쓸 수 있는 곳이 있나요?

Zhè fù jìn yǒu méiyǒu kěyǐ yòng diànhuà de dìfang?
这 附 近 有 没 有 可 以 用 电 话 的 地 方?

쩌 푸진 요메이요 커이 융 띠엔화더 띠팡?

전화 한 통 써도 될까요?

Néng bù néng jiè yòng yí xià nín de diànhuà
能 不 能 借 用 一 下 您 的 电 话?

넝뿌넝 지에융 이샤 닌더 띠엔화?

휴대폰 좀 빌려 주시겠어요?

Wǒ jiè yòng yí xià nín de shǒujī, hǎo ma?

我 借 用 一 下 您 的 手 机, 好 吗?

워 지에융 이샤 닌더 쇼우지, 하오마?

전화비를 드리겠습니다.

Wǒ huì fù diànhuà fèi de.

我 会 付 电 话 费 的。 워후이 푸 띠엔화 페이 더.

전화비가 얼마입니까?

Diànhuà fèi shì duōshao qián?

电 话 费 是 多 少 钱? 띠엔화 페이 쓰 뚸샤오 치엔?

전화카드는 어디서 팝니까?

Diànhuà kǎ zài nǎr mài?

电 话 卡 在 哪 儿 卖? 띠엔화 카 짜이날 마이?

100위엔 짜리 IC카드를 주세요.

Gěi wǒ yì zhāng yì bǎi kuài de IC kǎ.

给 我 一 张 一 百 块 的 I C 卡。

게이워 이쨩 이바이 콰이 더 IC카.

전화를 어떻게 사용해야 하는지 좀 알려주세요.

Qǐng nín gàosu wǒ yí xià zhè ge diànhuà zěnme yòng.

请 您 告 诉 我 一 下 这 个 电 话 怎 么 用。

칭닌 까오쑤 워 이샤 쩌거 띠엔화 쩐머 융.

얼마짜리 동전을 넣어야 하나요?

Yào tóu jǐ kuài de yìngbì?

要 投 几 块 的 硬 币 ? 야오 터우 지콰이 더 잉삐?

이 전화카드는 어떻게 사용해야 합니까?

Zhè ge diànhuà kǎ zěnme yòng?

这 个 电 话 卡 怎 么 用 ? 쩌거 띠엔화 카 쩐머 융?

저는 한국으로 국제전화를 걸고 싶습니다.

Wǒ xiǎng dǎ guójì chángtú dào Hánguó.

我 想 打 国 际 长 途 到 韩 国。

워샹 다 궈지 창투 따오 한궈.

수신자부담 국제전화를 걸고 싶습니다.

Wǒ xiǎng dǎ duìfāng fù qián de guójì chángtú.

我 想 打 对 方 付 钱 的 国 际 长 途。

워샹 다 뚜이팡 푸치엔 더 궈지 창투.

상대 전화번호를 알려주십시오,

Qǐng gàosu wǒ yí xià duìfāng de diànhua hàomǎ.

请 告 诉 我 一 下 对 方 的 电 话 号 码。

칭 까오쑤 워 이샤 뚜이팡 더 띠엔화 하오마.

당신의 전화번호를 알려주십시오.

Qǐng gàosu wǒ nín de diànhuà hàomǎ.

请 告 诉 我 您 的 电 话 号 码。

칭 까오쑤 워 닌더 띠엔화 하오마.

끊지 말고 기다리십시오.

Bié guà le, Qǐng shāo děng yí xià.

别 挂 了, 请 稍 等 一 下。　비에 꽐러, 칭 샤오 덩이샤.

끊지 마십시오. 말씀하십시오.

Bié guà le, Qǐng jiǎng.

别 挂 了, 请 讲。　비에 꽐러, 칭지앙.

연결되었습니다. 말씀하십시오.

Jiē tōng le, Qǐng jiǎng.

接 通 了, 请 讲。　지에퉁러, 칭지앙.

우선 끊고 잠시만 기다리십시오.

Qǐng xiān guà diànhuà, shāo děng yí xià.

请 先 挂 电 话, 稍 等 一 下。

칭 시엔 꽈 띠엔화, 샤오 덩이샤.

얼마나 기다려야 됩니까?

Yào děng duōcháng shíjiān ne?

要 等 多 长 时 间 呢 ?　야오 덩 뚸창 스지엔 너?

저는 장거리 전화를 걸고 싶습니다.

Wǒ yào dǎ chángtú diànhuà.

我 要 打 长 途 电 话。　워야오 다 창투 띠엔화.

상하이의 지역번호가 몇 번입니까?

Shànghǎi de dìqū hàomǎ shì duōshao?

上海的地区号码是多少?

샹하이더 띠취 하오마 쓰 뛰샤오?

몇 번을 먼저 눌러야 합니까?

Yào xiān àn jǐ hào?

要先按几号? 야오 시엔 안 지하오?

여보세요!

Wèi!

喂! 웨이!

왕밍 씨 계십니까?

Wáng Míng zài ma?

王明在吗? 왕밍 짜이마?

누구십니까?

Nín shì nǎ yí wèi?

您是哪一位? 닌쓰 나이웨이?

거기 한국어 할 줄 아는 분 계십니까?

Nàr yǒu huì shuō Hányǔ de ma?

那儿有会说韩语的吗?

날 여우 후이 슈어 한위더 마?

거기 영어 할 줄 아는 분 계십니까?

Nàr yǒu huì shuō Yīngyǔ de ma?

那 儿 有 会 说 英 语 的 吗？

날 여우 후이 슈어 잉위더 마?

3068호 좀 바꿔주세요.

Qǐng zhuǎn sān líng liù bā hào.

请 转 三 零 六 八 号。 칭 주안 싼 링 리우 빠 하오.

967번 바꿔주세요.

Qǐng zhuǎn jiǔ liù qī hào.

请 转 九 六 七 号。 칭 주안 지우 리우 치 하오.

왕밍 씨 바꿔주세요.

Qǐng jiào Wáng Míng jiē diànhuà.

请 叫 王 明 接 电 话。 칭 쟈오 왕밍 지에 띠엔화.

잘 못 알아듣겠습니다.

Tīng bu qīngchu.

听 不 清 楚。 팅뿌칭추.

천천히 말씀해 주세요.

Qǐng màn diǎnr shuō.

请 慢 点 儿 说。 칭 만디알 슈어.

다시 한 번 말씀해 주세요.

Qǐng zài shuō yí biàn, hǎo ma?
请 再 说 一 遍, 好 吗? 칭 자이 슈어 이삐엔, 하오마?

계속 통화중이었습니다.

Yìzhí zhàn xiàn.
一 直 战 线。 이즈 짠시엔.

잘못 거셨습니다.

Nín dǎ cuò le.
您 打 错 了。 닌 다춸 러.

그런 사람 없습니다.

Zhèr méiyǒu nà ge rén.
这 儿 没 有 那 个 人。 쩔 메이요 나거런.

지금 없습니다.

Xiànzài bú zài.
现 在 不 在。 시엔짜이 부짜이.

아무도 안 받습니다.

Méiyǒu rén jiē.
没 有 人 接。 메이요렌 지엔.

잠시 후에 다시 걸겠습니다

Wǒ dāi huìr zài dǎ ba.
我 待 会 儿 再 打 吧。 워 따이후알 짜이 다 바.

제가 전화했었다고 전해주세요.

Qǐng gàosu tā wǒ dǎ guo diànhuà.

请 告 诉 他 我 打 过 电 话。

칭 까오쑤 타 워 다꿔 띠엔화.

제게 전화해 달라고 전해주세요.

Qǐng tā gěi wǒ huí ge diànhuà.

请 他 给 我 回 个 电 话。

칭 타 게이워 후이거 띠엔화.

그의 전화번호를 좀 알려주세요.

Qǐng gàosu wǒ tā de diànhuà hàomǎ.

请 告 诉 我 他 的 电 话 号 码。

칭 까오쑤 워 타더 띠엔화 하오마.

중국민항의 전화번호를 좀 알려주세요.

Zhōngguó mínháng de diànhuà hàomǎ shì duōshao?

中 国 民 航 的 电 话 号 码 是 多 少?

쭝궈 민항더 띠엔화 하오마 쓰 뚸샤오?

50. 인터넷 이용하기

이 호텔에서 인터넷에 접속할 수 있습니까?

Fàndiànli kěyǐ shàng wǎng ma?

饭 店 里 可 以 上 网 吗 ? 판띠엔리 커이 샹왕 마?

이 근처에 인터넷 바가 있습니까?

Zhè fù jìn yǒu wǎngbā ma?

这 附 近 有 网 巴 吗 ? 쩌 푸진 요 왕빠 마?

여기서 e-mail을 쓸 수 있을까요?

Wǒ néng zài zhèr shōu fā diànzi yóujiàn ma?

我 能 在 这 儿 收 发 电 子 邮 件 吗 ?

워넝 짜이쩔 셔우파 띠엔즈 여우지엔 마?

한글도 볼 수 있습니까?

Zhèr kěyǐ kàn Hánwén ma?

这 儿 可 以 看 韩 文 吗 ? 쩔 커이 칸 한원 마?

여기서는 안됩니다.

Bù kěyǐ.

不 可 以 。 뿌커이.

여기는 요금을 어떻게 받습니까?
Nǐmen zhèr shì zěnme shōu fèi de?
你们这儿是怎么收费的？
니먼쩔 쓰 쩐머 셔우페이 더?

한 시간에 10위엔입니다.
Yì xiǎoshí shí kuài.
一小时十块。 이 샤오스 스콰이.

5번 컴퓨터를 쓰십시오.
Qǐng yòng wǔ hào jī.
请用五号机。 칭융 우하오 지.

곧 개통해드리겠습니다.
Wǒ mǎshàng wèi nín kāitōng.
我马上为您开通。 워 마상 웨이닌 카이퉁.

51. 우체국에서

이 근처에 우체국이 있습니까?

Zhè fù jìn yǒu yóujú ma?

这 附 近 有 邮 局 吗？ 쩌 푸진 요 여우쥐 마?

우체국이 어디 있나요?

Yóujú zài nǎr?

邮 局 在 哪 儿？ 여우쥐 짜이날?

우체국은 몇 시부터 몇 시까지 입니까?

Yóujú cóng jǐ diǎn dào jǐ diǎn kāi ne?

邮 局 从 几 点 到 几 点 开 呢？

여우쥐 총 지디엔 따오 지디엔 카이 너?

국제우편을 보내려고 합니다.

Wǒ yào jì guójì yóujiàn.

我 要 寄 国 际 邮 件。 워야오 찌 궈지 여우지엔.

한국으로 소포를 하나 보내고 싶습니다.

Wǒ xiǎng wǎng Hánguó jì yí ge bāoguǒ.

我 想 往 韩 国 寄 一 个 包 裹。

워샹 왕 한궈 찌 이거 빠오궈.

무슨 물건입니까?
Zhè xiē shì shénme dōngxi?
这 些 是 什 么 东 西？ 쩌씨에 쓰 션머 뚱시?

옷과 기념품들입니다.
Zhè xiē dōu shì yīfu hé jìniànpǐn.
这 些 都 是 衣 服 和 纪 念 品。
쩌씨에 떠우쓰 이푸 허 지니엔핀.

열어봐 주시겠어요?
Qǐng dǎ kāi yí xià, hǎo ma?
请 打 开 一 下， 好 吗？ 칭 다카이 이샤, 하오마?

항공편으로 부치겠습니다.
Wǒ yào kōngyùn.
我 要 空 运。 워야오 쿵윈.

선박편으로 부치겠습니다.
Wǒ yào hǎiyùn.
我 要 海 运。 워야오 하이윈.

얼마나 걸립니까?
Yào duōcháng shíjiān?
要 多 长 时 间？ 야오 뚸창 스지엔?

우표 두 장과 우편엽서 한 장 주세요.

Wǒ xiǎng mǎi liǎng zhāng yóupiào hé yì zhāng míngxìnpiàn.

我 想 买 两 张 邮 票 和 一 张 明 信 片。

워샹 마이 량짱 여우퍄오 허 이짱 밍신피엔.

빠른 우편으로 해주세요.

Wǒ yào kuàidì.

我 要 快 递。　워야오 콰이띠.

등기로 해주세요.

Wǒ yào jì guàhào.

我 要 寄 挂 号。　워야오 찌 꽈하오.

우편요금은 얼마입니까?

Yóu fèi shì duōshao?

邮 费 是 多 少?　여우페이 쓰 뚸샤오?

무게를 재봐야 압니다.

Yào kàn kàn tā de zhòngliàng.

要 看 看 它 的 重 量。　야오 칸칸 타더 쭝량.

이 표를 작성해주세요.

Qǐng tián yí xià zhè ge biǎogé.

请 填 一 下 这 个 表 格。　칭 티엔 이샤 쩌거 뱌오거.

52. 아파요!

이 근처에 병원있나요?

Zhè fù jìn yǒu yīyuàn ma?
这 附 近 有 医 院 吗? 쩌 푸진 요 이위엔 마?

약국이 어디 있나요?

Yàofáng zài nǎr?
药 房 在 哪 儿? 야오팡 짜이날?

이 호텔에 의무실 있습니까?

Fàndiànli yǒu yīwùshì ma?
饭 店 里 有 医 务 室 吗? 판띠엔리 요 이우스 마?

저를 병원에 좀 데려다 주시겠어요?

Qǐng sòng wǒ dào yīyuàn, hǎo ma?
请 送 我 到 医 院, 好 吗?
칭 쏭워 따오 이위엔, 하오마?

의사를 한 분 불러 주시겠어요?

Qǐng jiào yīshēng, hǎo ma?
请 叫 医 生, 好 吗? 칭 쟈오 이성, 하오마?

좀 도와주세요.

Qǐng bāng wǒ yí xià.
请 帮 我 一 下。 칭 빵워 이샤.

구급차를 불러주세요.

Qǐng jiào jiù hù chē.
请 叫 救 护 车。 칭 쟈오 지우후처.

몸이 좀 불편합니다.

Shēntǐ bù shūfu.
身 体 不 舒 服。 션티 뿌 슈푸.

몸이 많이 아파요.

Shēntǐ hěn bù shūfu.
身 体 很 不 舒 服。 션티 헌 뿌 슈푸.

진료접수하고 싶습니다.

Wǒ xiǎng guàhào.
我 想 挂 号。 워샹 꽈하오.

어디서 접수하나요?

Zài nǎr guàhào?
在 哪 儿 挂 号？ 짜이날 꽈하오?

영어 할 줄 아는 의사 있습니까?

Zhèr yǒu huì shuō Yīngyǔ de yīshēng ma?
这 儿 有 会 说 英 语 的 医 生 吗？
쩔 요 후이 슈어 잉위 더 이셩 마?

진료실은 어디입니까?

Ménzhěn zài nǎr?

门 诊 在 哪 儿? 먼쩐 짜이날?

어디가 불편하십니까?

Nín nǎr bù shūfu?

您 哪 儿 不 舒 服? 닌 날 뿌슈푸?

머리가 아파요.

Tóu téng.

头 疼。 터우 텅.

배가 아파요.

Dù zi téng.

肚 子 疼。 뚜즈 텅.

계속 설사를 합니다.

Yìzhí xiè dù zi.

一 直 泻 肚 子。 이즈 씨에 뚜즈.

여기가 아파요.

Zhèr hěn tòng.

这 儿 很 痛。 쩔 헌 통.

열이 나요.

Fāshāo.

发 烧。 파샤오.

기침이 나요.
Késòu.
咳 嗽。 커써우.

콧물이 나요.
Liú bítì.
流 鼻 涕。 리우 비티.

목이 아파요.
Hóulóng tòng.
喉 咙 痛。 허우롱 통.

가슴이 아파요.
Xiōngqiāng tòng.
胸 腔 痛。 슝치앙 통.

감기인 것 같아요.
Hǎoxiàng gǎnmào le.
好 像 感 冒 了。 하오샹 간마오 러.

차멀미를 합니다.
Yūnchē.
晕 车。 윈처.

염증이 생겼어요.
Fāyán le.
发 炎 了。 파옌 러.

긴급구조

화상을 입었어요.
Shāo shāng le.
烧 伤 了。 샤오샹 러.

여기를 다쳤습니다.
Zhèr shòu shāng le.
这 儿 受 伤 了。 쩔 쇼우샹 러.

뼈가 부러졌어요.
Gǔtóu duàn le.
骨 头 断 了。 구터우 똰 러.

삐었어요.
Niǔ shāng le.
扭 伤 了。 니우샹 러.

움직일 수가 없습니다.
Bù néng dòng.
不 能 动。 뿌넝 뚱.

차에 치었습니다.
Bèi qìchē zhuàng dǎo le.
被 汽 车 撞 倒 了。 뻬이 치처 쭈앙다오 러.

임신중입니다.
Wǒ huáiyùn le.
我 怀 孕 了。 워 화이윈 러.

알러지가 있습니다.
Wǒ yǒu guòmǐn zhèng.
我 有 过 敏 症。 워 여우 꿔민쩡.

당뇨병이 있습니다.
Wǒ yǒu tángniào bìng.
我 有 糖 尿 病。 워 여우 탕냐오삥.

심장병이 있습니다.
Wǒ yǒu xīnzàng bìng.
我 有 心 脏 病。 워 여우 신짱삥.

수술한 적이 있습니다.
Wǒ dòng guo shǒushù.
我 动 过 手 术。 워 뚱꿔 셔우슈.

혈액형이 어떻게 됩니까?
Nín shì shénme xuèxíng?
您 是 什 么 血 型? 닌쓰 셔머 슈에싱?

저는 A형입니다.
Wǒ shì A xuèxíng.
我 是 A 血 型。 워쓰 A 슈에싱.

입을 벌리세요.
Qǐng zhāng kāi zuǐ.
请 张 开 嘴。 칭 짱카이 쭈에이.

혀를 내미세요.

Qǐng bǎ shétou shēn chū lái.

请 把 舌 头 伸 出 来。 칭 바 셔터우 션출라이.

깊게 숨을 쉬세요.

Shēn hūxī.

深 呼 吸。 션후시.

소매를 걷어주세요.

Qǐng juǎn qǐ nín de xiù zi.

请 卷 起 您 的 袖 子。 칭 쥐엔치 닌더 시우즈.

혈압을 재겠습니다.

Wǒ liáng yí xià nín de xuèyā.

我 量 一 下 您 的 血 压。 워 량 이샤 닌더 슈에야.

이런 증상이 얼마나 되었습니까?

Nín yǒu zhè zhǒng gǎnjué duōcháng shíjiān le?

您 有 这 种 感 觉 多 长 时 间 了?

닌 요 쩌중 간쥬에 뚸창 스지엔 러?

예전에도 이랬습니까?

Nín yǐqián yě shì zhè yàng ma?

您 以 前 也 是 这 样 吗? 닌 이치엔 예쓰 쩌양 마?

제때 약 먹고 물 많이 마시고 며칠 쉬면 됩니다.
Àn shí chī yào, duō hē shuǐ. Duō xiūxi liǎng tiān jiù hǎo le.
按 时 吃 药, 多 喝 水。 多 休 息 两 天 就 好 了。
안스 츠야오, 뚸 허슈이. 뚸 시우시 량티엔 지우 하오러.

주사를 맞아야 합니다.
Yào dǎ zhēn.
要 打 针。 야오 다쩐.

X레이를 찍어야 합니다.
Xūyào pāishè X guāngxiàn.
需 要 拍 摄 X 光 线。 슈야오 파이셔 X 꽝시엔.

입원해야 합니다.
Nín yào zhù yuàn.
您 要 住 院。 닌 야오 쭈위엔.

수술해야 합니다.
Nín yào kāidāo.
您 要 开 刀。 닌 야오 카이따오.

내일 다시 오세요.
Míngtiān zài lái ba.
明 天 再 来 吧。 밍티엔 짜이라이 바.

심합니까?
Yánzhòng ma?
严 重 吗? 옌쭝 마?

계속 여행해도 될까요?
Wǒ kěyǐ jìxù lǚyóu ma?
我 可 以 继 续 旅 游 吗? 워 커이 지쉬 뤼여우 마?

한국으로 돌아가는 게 좋겠습니다.
Háishì huí Hánguó qù de hǎo.
还 是 回 韩 国 去 的 好。 하이스 후이 한궈 취더 하오.

두통약 주세요.
Gěi wǒ tóutòng yào.
给 我 头 痛 药。 게이 워 터우통 야오.

감기약 주세요.
Gěi wǒ gǎnmào yào.
给 我 感 冒 药。 게이 워 간마오 야오.

이 약은 어떻게 먹나요?
Zhè ge yào zěnme chī?
这 个 药 怎 么 吃? 쩌거 야오 쩌머 츠?

식전에 먹나요, 식후에 먹나요?

Fàn qián chī háishì fàn hòu chī?

饭 前 吃 还 是 饭 后 吃 ?

판 치엔 츠 하이쓰 판 허우 츠?

하루에 몇 번 먹나요?

Yì tiān chī jǐ cì?

一 天 吃 几 次 ? 이티엔 츠 지츠?

한약말고 양약으로 주세요.

Wǒ bú yào zhōngyào, gěi wǒ xīyào.

我 不 要 中 药 , 给 我 西 药 。

워 부야오 쭝야오, 게이 워 시야오.

좀 나아졌어요.

Hǎo diǎnr le.

好 点 儿 了 。 하오 디알 러.

53. 도난이나 분실 사고를 당했을 때

지갑을 잃어버렸습니다.

Wǒ diū le qián bāo.

我 丢 了 钱 包。 워 띠울러 치엔빠오.

신용카드를 잃어버렸습니다.

Wǒ diū le xìnyòngkǎ.

我 丢 了 信 用 卡。 워 띠울러 신용카.

여권을 잃어버렸습니다

Wǒ diū le hù zhào.

我 丢 了 护 照。 워 띠울러 후짜오.

가방을 잃어버렸습니다.

Wǒ diū le bāor.

我 丢 了 包 儿。 워 띠울러 빠올.

사진기를 잃어버렸습니다.

Wǒ diū le zhàoxiàngjī.

我 丢 了 照 相 机。 워 띠울러 짜오샹지.

지갑을 도둑맞았습니다.

Wǒ de qiánbāo bèi tōu le.

我 的 钱 包 被 偷 了。 워더 치엔빠오 뻬이 터울러.

"

여권을 도둑맞았습니다.

Wǒ de hù zhào bèi tōu le.

我 的 护 照 被 偷 了。 워더 후짜오 뻬이 터울러.

지갑을 택시에 놓고 내렸습니다.

Bǎ qiánbāo diū zài chūzūchēli le.

把 钱 包 丢 在 出 租 车 里 了。

바 치엔빠오 띠우짜이 추주처리 러.

가방을 기차에 두고 내렸습니다.

Bǎ bāor diū zài huǒchēli le.

把 包 儿 丢 在 火 车 里 了。

바 빠올 띠우짜이 훠처릴러.

택시 영수증을 가지고 있습니까?

Nín yǒu zhè ge chūzūchē de fāpiào ma?

您 有 这 个 出 租 车 的 发 票 吗?

닌요 쩌거 추주처 더 파퍄오 마?

여기 있습니다.

Yǒu, Zài zhèr.

有, 在 这 儿。 여우, 짜이쩔.

택시회사에 전화를 걸겠습니다.

Wǒ dǎ ge diànhuà dào chūzūchē gōngsī.

我 打 个 电 话 到 出 租 车 公 司。

워 다거 띠엔화 따오 추주처 꽁쓰.

파출소는 어디에 있습니까?

Pàichūsuǒ zài nǎr?

派 出 所 在 哪 儿 ? 파이추쒀 짜이 날?

가방 안에 뭐가 있습니까?

Bāor lǐmiàn yǒu shénme dōngxi?

包 儿 里 面 有 什 么 东 西 ?

빠올 리미엔 요션머 뚱시?

여권과 지갑이 있습니다.

Lǐmiàn yǒu hùzhào hé qiánbāo.

里 面 有 护 照 和 钱 包。

리미엔 여우 후짜오 허 치엔빠오.

언제, 어디에서 잃어버렸습니까?

Shénme shíhòur, zài nǎr diū de?

什 么 时 候 儿、 在 哪 儿 丢 的 ?

션머스훌, 짜이날 띠우더?

지갑에 얼마가 들어있습니까?

Qiánbāorli yǒu duōshao qián?

钱 包 儿 里 有 多 少 钱 ?

치엔빠올 리 여우 뚸샤오 치엔?

1,200위엔 가량 있습니다.

大 概 一 千 两 百 块 左 右。
따까이 이치엔 량바이 콰이 줘여우.

30분 전, 기차역에서 잃어버렸습니다.

三 十 分 钟 前, 在 火 车 站 丢 的。
싼스펀 쭝 치엔, 짜이 훠처짠 띠우더.

어떤 종류의 가방입니까?

是 哪 一 种 包 儿? 쓰 나이중 빠올?

사진기는 무슨 브랜드입니까?

照 相 机 是 什 么 牌 子 的? 짜오샹지 쓰 션머 파이즈 더?

신용카드 사용을 중지시켜주세요.

请 吊 销 这 个 信 用 卡。 칭 땨오샤오 쩌거 신융카.

제 물건을 찾을 수 있을까요?

我 的 东 西 能 找 到 吗? 워더 뚱시 넝 쟈오따오 마?

분실물 찾는 곳이 어디입니까?

失 物 招 领 处 在 哪 儿 ? 스우 쟈오링추 짜이 날?

찾으면 바로 제게 연락해주세요.

如 果 找 到 了, 请 马 上 跟 我 联 系 一 下, 好 吗 ?
루궈 쟈오따올러, 칭 마샹 껀워 리엔시 이샤, 하오마?

제 전화번호와 주소입니다.

这 是 我 的 电 话 号 码 和 地 址。
쩌쓰 워더 띠엔화 하오마 허 띠즈.

한국대사관이 어디입니까?

韩 国 大 使 馆 在 哪 儿 ? 한궈 따스관 짜이날?

한국대사관에 연락하고 싶습니다.

我 想 跟 韩 国 大 使 馆 联 系。
워샹 껀 한궈 따스관 리엔시.

긴급구조

54. 사람 살려!

사람 살려!

Jiù mìng a!
救命啊!　찌우밍 아!

도둑이야!

Xiǎotōur!
小偷儿!　샤오터울!

불이야!

Huǒzāi!
火灾!　훠짜이!

소매치기다!

Páshǒu!
扒手!　파셔우!

도와주세요!

Qǐng bāng máng!
请帮忙!　칭 빵망!

잡아라!

Zhuā zhù tā!
抓住他!　쫘주 타!

거기 서라!
Zhàn zhù!
站 住!　짠주!

나가!
Chū qù!
出 去!　추취!

멈춰!
Zhù shǒu!
住 手!　쭈셔우!

당신 잘못이에요.
Shì nǐ de cuò.
是 你 的 错。　쓰 니더 춰.

내 잘못이 아니에요.
Bú shì wǒ de cuò.
不 是 我 的 错。　부쓰 워더 춰.

경찰을 불러주세요!
Qǐng jiào gōngān!
请 叫 公 安!　칭 쟈오 꿍안!

한국어통역을 불러주세요.
Wǒ yào qǐng Hányǔ fānyì.
我 要 请 韩 语 翻 译。　워 야오 칭 한위 판이.

55. 비행기표 재확인하기

여보세요, 중국민항이죠?
Wèi Zhōnggúo mínháng ma?
喂! 中 国 民 航 吗 ? 웨이! 쭝궈 민항 마?

예약을 재확인하고 싶습니다.
Wǒ xiǎng quèrèn yí xià yù dìng.
我 想 确 认 一 下 预 订。 워샹 취에렌 이샤 위띵.

3월 24일 2시 서울행입니다.
Sān yuè èr shí sì hào, liǎng diǎn, wǎng Hànchéng de hángbān.
三 月 二 十 四 号、 两 点、 往 汉 城 的 航 班。
싼위에 얼스쓰 하오, 량디엔, 왕 한청 더 항빤.

귀국길

부록

지명

자주 보이는 간체자

SOS 긴급전화

중국의 지명에는 공식 명칭 이외에도 한 글자
로 줄인 약칭이 널리 쓰인다. 특히 기차표나 표

명칭	약칭	성의 수도
Běijīngshì 北京市(베이징)	京	
Tiānjīnshì 天津市(텐진)	津	
Shànghǎishì 上海市(샹하이)	沪	
Chóngqìngshì 重庆市(충칭)		
Jīlínshěng 吉林省(지린)	吉	Chángchūn 长春(창춘)
Liáoníngshěng 辽宁省(랴오닝)	辽	Shěngyáng 沈阳(션양)
Hēilóngjiāngshěng 黑龙江省(헤이룽쟝)	黑	Hā'ěrbīn 哈尔滨(하얼삔)
Héběishěng 河北省(허베이)	冀	Shíjiāzhuāng 石家庄(스지아쫭)

지판 등에도 광범위하게 쓰이기 때문에 이 역시
꼭 알아둘 필요가 있다.

명 칭	약 칭	성의 수도
Hénánshěng 河南省(허난)	豫	Zhèngzhōu 郑州(쩡저우)
Shāndōngshěng 山东省(샨뚱)	鲁	Jǐnán 济南(지난)
Shānxīshěng 山西省(샨시)	晋	Tàiyuán 太原(타이위엔)
Shǎnxīshěng 陕西省(샨시)	陕·秦	Xī'ān 西安(시안)
Gānsù shěng 甘肃省(깐쑤)	甘·陇	Lánzhōu 兰州(란저우)
Qīnghǎishěng 青海省(칭하이)	青	Xīníng 西宁(시닝)
Ānhuīshěng 安徽省(안후이)	皖	Héféi 合肥(허페이)
Jiāngsūshěng 江苏省(지앙쑤)	苏	Nánjīng 南京(난징)

명 칭	약 칭	성의 수도
Zhèjiāngshěng 浙江省(저지앙)	浙	Hángzhōu 杭州(항저우)
Jiāngxīshěng 江西省(지앙시)	赣	Nánchāng 南昌(난창)
Húběishěng 湖北省(후베이)	鄂	Wǔhàn 武汉(우한)
Húnánshěng 湖南省(후난)	湘	Chángshā 长沙(창샤)
Sìchuānshěng 四川省(쓰촨)	川 · 蜀	Chéngdū 成都(청뚜)
Guìzhōushěng 贵州省(구이저우)	贵 · 黔	Guìyáng 贵阳(구이양)
Yúnánshěng 云南省(윈난)	云 · 滇	KūnMíng 昆明(쿤밍)
Guǎngdōngshěng 广东省(광뚱)	粤	Guǎngzhōu 广州(광저우)

명 칭	약 칭	성의 수도
Hǎinán shěng 海南省(하이난)	璟	Hǎikǒu 海口(하이커우)
Fújiàn shěng 福建省(푸지엔)	闽	Fúzhōu 福州(푸저우)
Táiwān shěng 台湾省(타이완)	台	Táiběi 台北(타이뻬이)
Guǎngxī zhuàngzú zìzhìqū 广西壮族自治区 (광시 쫘주 쯔즈취)	桂	Nánníng 南宁 (난닝)
Nèi ménggǔ zìzhìqū 内蒙古自治区 (네이멍구 쯔즈취)	蒙	Hūhéhàotè 呼和浩特 (후허하터)
Níngxià huízú zìzhìqū 宁夏回族自治区 (닝샤 후이주 쯔즈취)	宁	Yínchuān 银川 (인츄안)
Xīzàng zìzhìqū 西藏自治区(시짱 쯔즈취)	藏	Lāsà 拉萨(라싸)
Xīnjiāngwéiwúěrzú zìzhìqū 新疆维吾尔族自治区 (신쟝 웨이우얼주 쯔즈취)	新	Wūlǔmù qí 乌鲁木齐 (우루무치)

言 ➡ 讠	門 ➡ 门	食 ➡ 饣
系 ➡ 系	馬 ➡ 马	韋 ➡ 韦
車 ➡ 车	貝 ➡ 贝	見 ➡ 见
風 ➡ 风	龍 ➡ 龙	金 ➡ 钅
鳥 ➡ 鸟	頁 ➡ 页	麥 ➡ 麦
齒 ➡ 齿	黽 ➡ 黾	魚 ➡ 鱼

간화된 부수자가 쓰인 예

語 ➡ 语	聞 ➡ 闻	飯 ➡ 饭
絲 ➡ 丝	媽 ➡ 妈	韓 ➡ 韩
輛 ➡ 辆	財 ➡ 财	規 ➡ 规
飄 ➡ 飘	壟 ➡ 垄	針 ➡ 针
鴨 ➡ 鸭	順 ➡ 顺	麥 ➡ 麦
齒 ➡ 齿	黽 ➡ 黾	鮮 ➡ 鲜

(2) 자주 보이는 간체자

个	开	庆	过	关	广	国	贵	剧	乐
(個	開	慶	過	關	廣	國	貴	劇	樂)
宁	农	达	当	对	队	带	图	岛	导
(寧	農	達	當	對	隊	帶	圖	島	導)
东	头	兰	来	灵	岭	类	码	马	丰
(東	頭	蘭	來	靈	嶺	類	碼	馬	豊)
卖	买	面	庙	饭	边	变	凤	妇	飞
(賣	買	面	廟	飯	邊	變	鳳	婦	飛)
宾	写	师	产	书		扫	苏	寿	肃
(賓	寫	師	産	書	陝	掃	蘇	壽	肅)
习	胜	岳	爱	阳	业	乌	辽	龙	云
(習	勝	岳	愛	陽	業	烏	遼	龍	雲)
愿	员	远	园	为	卫	伪	阴	认	讲
(願	員	遠	園	爲	衛	僞	陰	認	講)
庄	壮	将	肠	张	长	场	灾	专	转
(莊	壯	將	腸	張	長	場	災	專	轉)
传	电	钱	节	郑	齐	济	际	钟	从
(傳	電	錢	節	鄭	齊	濟	際	鐘	從)
厂	处	铁	厅	听	闭	废	币	毕	笔
(廠	處	鐵	廳	聽	閉	廢	幣	畢	筆)
汉	韩	华	会	兴		质	烟	压	块
(漢	韓	華	會	興	戲	質	煙	壓	塊)

주중 한국 공관

주중국대사관	Tel. (86-10)6532-0290 Fax. (86-10)6532-0141 당직용 HP. 1360-103-0178
주중국대사관(영사부)	Tel. (86-10)6532-6773~5 Fax. (86-10)6532-6778 사건사고용 HP. 139-0105-4216
주션양(沈陽)영사사무소	Tel. (86-24)2385-7820 Fax. (86-24)2385-6549
주샹하이(上海)총영사관	Tel. (86-21)6219-6417/20 Fax. (86-21)6219-6918
주칭따오(靑島)총영사관	Tel. (86-532)897-6001 Fax. (86-532)897-6005
주광저우(廣州)총영사관	Tel. (86-20)3887-0555 Fax. (86-20)3887-0923
주홍콩총영사관	Tel. (852)2529-4141 Fax. (852)2361-369

대한무역진흥공사

베이징	北京市 建国门外大街 国贸中心 2317室 Tel.(86-10) 6505-2324~7 Fax.(86-10) 6505-2310
상하이	上海市 楼山关路 83号 新虹桥中心大厦 3008 号 Tel. (86-21) 6236-8216, 6236-8225, 6219-7592 Fax. (86-21) 6219-6015
칭다오	青岛市 老山区 高科圆 秦岭路 8号 韩中商务中心 608号 Tel.(86-532) 889-6415~7 Fax.(86-532) 889-5334
따리엔	辽宁省 大连市 人民路9号 大连国际酒店 811室 Tel.(86-411) 281-6221~3 Fax.(86-411) 281-6220
광저우	广州市 环市东路 339号 广州国际大厦 主楼1010-11 Tel.(86-20) 8334-0052 Fax.(86-20) 8335-1142
홍 콩	Room3102, Central Plaza,18 Harbour Road, Wanchai, HONGKONG Tel. (86-852) 2545-9500 / 9786 Fax (86-852) 2815-0487
청 뚜	四川省 成都市 中西顺城街1号 国际大 17D Tel.(86-28) 652-1320 / 1457 Fax.(86-28) 652-1573
우 한	湖北省 武汉市 汉口 新华后路 297号 国际贸易商业中心 609室 Tel. (86-27) 8555-0118 Fax. (86-27) 8555-0120

한국무역협회 베이징 지부

北京市 建国门外大街国贸大厦 1201室
Tel. (86-10) 6505-2671~3 Fax. (86-10) 6505-2670

대한상공회의소 베이징사무소

北京市 朝阳区 亮马桥 32号 高兰大厦 写字楼 12层 1222室
Tel. (86-10) 6464-3481~2, 6468-6726 Fax. 986-10) 6468-6727

한국관광공사 베이징지사

北京市 朝阳区 霄云路 38号 现代盛世大厦 508室
Tel. (86-10) 8453-8213~5   Fax. (86-10) 8453-8147

대한민국 문화홍보원

北京市 朝阳区 霄云路 38号 现代盛世大厦 5层 韩国文化新闻处
Tel. (86-10) 8453-8112~4 Fax. (86-10) 8453-8119

한국국제협력단(KOICA) 중국사무소

中国 北京市 朝阳区 三理屯 东4街 3号. 100600(주중
대사관내 위치) Tel. (86-10) 6532-0290 ext.309
Fax. (86-10) 6532-0187

생활편의전화

전화번호 문의	114	국내 장거리전화	113
국가번호 안내	115	범죄신고	110
화재신고	119	구급센터	120
교통사고	122	날씨안내	121
베이징시 공안국	6512-8871	외국인 불편신고	6522-5486

수신자 부담전화

한국통신	108 821	온세통신	108 827
데 이 콤	108 828(교환원연결)/ 108 826(자동연결)		

항공사 (베이징 주재 86-10)

대한항공	6505-0088
아시아나	6468-4000
중국국제항공	0001 7755 #2141
중국남방항공	6601-7755 #2142
중국동방항공	6602-4075 #4075
중국북방항공	6601-7755 #2144
베이징수도국제공항	2580